THE LISTENING SHIFT

TRANSFORM YOUR ORGANIZATION BY LISTENING TO YOUR PEOPLE AND HELPING YOUR PEOPLE LISTEN TO YOU

換位傾聽

如何聽別人說,怎樣幫別人聽你說?
掌握領導的雙向影響力

珍妮・范・胡爾 Janie van Hool ──著　姚怡平──譯

各 界 推 薦

「早就應該針對傾聽展開有意義的談話。心理健康議題逐漸進入主流，家庭生活與職場生活的融合，若非幫助我們更人性化，就是導致關係變得更疏離。下一個真正的領導力難關有可能是傾聽，所以本書至關重要。我喜愛書中的文字和語調——帶來幫助卻不流於說教，切實可行又有扎實的研究與經驗可作為證明。」

——蘇・朗德（Sue Round）博士
BP 公司人才、多元與包容部門人資副總

「本書是闡述轉變的著作，帶領我們超越自己對傾聽一事經常抱持的定見，進而跨入人類溝通、建立關係、相互理解的重要領域。本書涵蓋豐富的故事、研究、訣竅，與每個人的私人生活及事業生活息息相關。作者歷練廣闊，涉及劇院到全球商務，因而得以協助我們發揮傾聽的全面力量，帶領我們踏上引人入勝的旅程，探索各種可能性。」

——凱絲・畢曉普（Cath Bishop）
《長勝心態》（*The Long Win*）作者

「在這個要求我們不斷『換位』的世界裡，成為優秀的傾聽者如今確實比以往更加重要。范・胡爾結合理論與實務，自信地把概念落實在生活中，並且提供實用步驟，協助大家實踐概念。無論是一對一的環境，還是在大型組織的背景脈絡下，都能加以應用。教練、老師、領導者、家長、朋友，無論是什麼身分，都能從書中的提醒獲益良多。」

——凱若琳・侯那（Caroline Horner）博士
i 教練學院（i-coach academy）

「掌握領導力就是打造追隨者，本書提出一套強大的做法，可以用來了解換位傾聽的重要性與技巧——深入理解、不分層級——藉此建立關係並打造有關聯的對話，這樣一來，領導者就能做到有效參與，並且被『傾聽』。這是精彩的作品。」

——保羅・葛里菲斯（Paul Griffith）
霍特國際商學院（Hult International Business School）
實務教授

「凡是想在組織裡有所作為的人，本書都是不可或缺的實用指南。領導者要求部屬改進工作方式，往往忽視了這個主題。」

——哈米許‧史考特（Hamish Scott）
行動管理研究中心（Centre for Management Research in Action）創辦人、商學院教授暨兼職策略總監

「本書有如日常談話，魅力十足、打動人心，最重要的一點是，實用至極。大家都很清楚，只要把基本的換位應用到思考方式和行為模式上，就能發揮強大力量，但要讓那些換位『堅定不移』，成為自己的一部分，又是另一回事了。作者提出傾聽和被傾聽的真實例子，不僅與你我息息相關，更能引發共鳴。再加上她提出的各種訣竅，讓本書得以達成讀者的期待——未來幾年你仍會反覆翻閱，也會購買此書作為禮物送人。」

——茱蒂絲‧巴奇勒（Judith Batchelar OBE）
企業責任、永續發展、公共事務總監

「不學習傾聽,就無法以領導者的身分被人聽見。本書教導傾聽與被傾聽的基本原則。任何想精進傾聽技能、做到更有效溝通的管理者,本書堪稱無價之作。」
——克里斯・舒茲—梅蘭德(Chris Schulze-Melander)
Eat Real & Proper 公司執行長

「本書引人入勝又簡單易懂,通篇盡是建言、例子、實用的『換位』方法,還融合溝通技巧與傾聽才能!珍妮不負我的期望,堪稱溝通大師。」
——凱羅・威許(Carol Welch)
歐點影院集團(Odeon Cinemas Group)
英國與愛爾蘭地區總經理暨歐洲地區商務總監

「珍妮在書中提出的論點令我詫異不已,不由得會反思自己是不是如自認般優秀的傾聽者。」
——艾倫・羅伯森(Alan Robertson)
商業心理學家暨 VoicePrint™ 創辦人

「作者跟各種組織的領導者合作後,提出深刻的見解,破解真正的領導者會『發號施令』的迷思,展現了傾聽如何在各方面支持成功的領導者,還提供實用步驟,幫助讀者親身實踐。」

——凱斯・萊斯利(Keith Leslie)
《領導的問題》(*A Question of Leadership*,暫譯)作者、麥肯錫與德勤公司(McKinsey and Deloitte)前任合夥人、撒瑪利亞會主席

～～獻給羅素、媞莉、貝拉～～

讓你心生感謝的,不是你口袋裡有的東西,
而是你心裡有的東西。

——佚名

目 錄

推薦序 ... 14

Part One
換位傾聽至關重要──傾聽的基礎與層次

01 開始換位傾聽 ... 22
為什麼我要寫這本書？ ... 23
為什麼要換位傾聽？──商業案例：迎來公司最大的成功 ... 27
你會在這本書裡找到什麼？ ... 31
換位傾聽為什麼如此重要？──傾聽的環境 ... 39
　傾聽者：醫生 ... 51

02 輪班工作 ... 54
在組織裡落實傾聽的五種方式 ... 55
如何主持傾聽會議？ ... 62
學習傾聽的實用技巧 ... 65
　說話者／傾聽者技巧 ... 68
　幫助我們傾聽：衝突解決專家 ... 76

03 我要做到換位傾聽——掌握自身影響力 78
  學習傾聽自己 79
  正念，人人皆有 86
   傾聽者：正念教練 95
  為什麼同理心有助傾聽？ 98
   傾聽者：撒瑪利亞會 114
  如何傾聽？ 117
  十大用心傾聽步驟 131
   傾聽者：驗屍官 162
  確立自己的用意 165
   傾聽者：即興表演者 170

Part Two

改變方法——幫助傾聽者聽進你說的話

04 換位傾聽具有意義——關聯的重要性 178
  三種做法，讓溝通內容跟傾聽者息息相關 179

05 換位傾聽很困難——呈現辛苦之處 198
分享故事的價值 199
如何訴說自己的故事 202
幫助我們傾聽：記者 213

06 你可以做到換位傾聽——幫助別人傾聽時，技巧十分重要 216
換位傾聽必須架構分明 217
編排談話結構 233
幫助我們傾聽：政治文膽 240
樂音的影響力 243
幫助我們傾聽：聲音教練 255
聲音的力度變化 258
語言編排 265
幫助我們傾聽：編舞家／總監 274

07 轉變發生——如何照顧身為溝通者的自己 277
用心傾聽的注意事項 278

善待他人 ·· 281

誌謝 ·· 284
參考資料 ·· 287

推薦序

當你往火車窗外望去,近處的樹木飛快遠去、模糊不清;中距離的田野則緩緩滑過;遠處的丘陵好似完全沒有移動。同樣地,在公眾生活中:報紙標題飛快地一閃而過,政治變化緩慢移動,而自然世界彷彿完全沒有移動,或者說曾經是這樣⋯⋯但後來氣候危機開始扭曲及加快環境變化。如今,當我們往火車窗外望去,只見遠處的丘陵逐漸加快速度、換檔、趕上我們乘坐的火車。

當年,我被任命為全球調適委員會(Global Commission on Adaptation)英國委員,不久後就被引薦給珍妮・范・胡爾。全球調適委員會的共同主席有潘基文(編按:前任聯合國祕書長)、喬治艾娃(Kristalina Georgieva,編按:世界銀行 [World Bank] 前執行長)、比爾・蓋茲(Bill Gates)。委員會設立宗旨是提高政治能見度,讓大家更意識到人類必須做好準備、應對氣候衝擊,比如過多的水、太少的水、太熱、太冷、野火等。對我而言,這是一大良機,可以在全

球舞台上展現我在英國環保署的署長工作,並讓大眾關注以下這個日益增強的證據:全球各地的人們,無論所得水準高低,都已經受到氣候變遷的影響。我需要更努力做好溝通者的角色,經歷自身的轉變,而珍妮提供了她的協助。

我倆開始合作後,便清楚認知到從傾聽做起有多麼重要,而珍妮撰寫的這本精彩著作,關注的重點正是傾聽。她揭示了沒有人教我們怎麼傾聽,我們必須先處理這個問題,才能真正相互交流。對於挑戰自我、善於傾聽,我們必須更大膽行事。我們的溝通方式必須幫助別人傾聽我們。在傳達難以接受的訊息時,這點顯得特別重要,我們必須設法幫助人們投入其中。

珍妮在《換位傾聽》一書中闡述的實用步驟已為我帶來幫助,衷心希望這些步驟對你同樣有所助益,並能成為你反覆探究的資料。珍妮不只慷慨分享她的深刻見解,還強調重視他人、善待他人,所以與其提

前透露內容,我選擇引述珍‧奧斯汀(Jane Austen)的一句話。對我來說,這句話刻劃出珍妮的建言本質所在:「艾瑪覺得如今最能展現自己善待他人的態度,便是傾聽。」

——艾瑪‧霍華德‧博伊德(Emma Howard Boyd)
英國環保署署長

Part One

換位傾聽至關重要

傾聽的基礎與層次

此篇講述的內容都跟傾聽有關，
我們會探討傾聽何以至關重要。
如何為傾聽做好準備、如何理解他人，
以及傾聽過程
如何幫助你深思及培養技能。

為什麼要換位？
Why shift?

人生充滿各種 shift（變動），這些變動往往是諸多微小的決定或短暫的片刻，所帶來的重大變化。變動意味著從一點完全移動到另一點，這是一道能量的巨浪，帶來見解並實現變化，無論多麼細微或細膩，都非常明確。

shift（輪班）也有工作單位之意，在規定的時段投入心力。這暗示著輪班可能很辛苦，需要付出努力，具有重複性、習慣性，是一種責任。shift 一詞源於德文的 schichten，意思是分層或層次。

本書講述傑出溝通者所需的層次，都建立於高超的傾聽技能基礎上，藉此幫助傾聽者聽進你說的每句話。

01 ｜ 開始換位傾聽

在探索本書基礎時，我們思考為什麼善於傾聽至關重要，並開始反思自己的傾聽過程。

・我為什麼撰寫本書。
・傾聽的商業案例—當你養成傾聽文化，公司會產生什麼可能性。
・接下來的數章中，你會發現的內容。
・換位傾聽為什麼很重要—傾聽環境，以及它如何影響我們在職場和社會上的傾聽方式。
・提醒你，藉此幫助反思自己的傾聽情況。

為什麼我要寫這本書？

1977 年，我 11 歲。那年 10 月的期中假期，我一整個星期都跟媽媽、爸爸和阿姨、姨丈待在肯特（Kent）。那是很常見的畫面，大人在玩牌，我則是讀書，其實我沒在讀書……而是在聽一段已聽了好幾次的談話。大人們回憶著往事，有歡笑、氣憤、惆悵、不合。偶爾他們會專心打著激烈的牌戰，有時突然啪地一聲把牌放到桌上，隨之而來的是帶著懷疑的尖叫聲。接著，大人們繼續聊天，我一會兒專心，一會兒失神。有隻貓坐在沙發上，就坐在我的旁邊，這件事有趣多了！

這就是 1970 年代我的童年情景。我是獨生子女，這些時刻鍛造了我的傾聽之路，我變得擅長加入成人間的談話，這是很有意義的學習經驗。我傾聽著成人的交流，深思周遭談話出現的戲劇性事件，學到該迴避哪些事情、立下幾項抱負、形成自己的價值觀。有時是美好的經驗，有時是乏味的──很普通的家人對話。我何其有幸，懷有被人傾聽的才能，而這個才能與眾不同。

我花了很多時間獨處，這段時間都用閱讀填滿。我

是永不滿足的讀者，一本好書最能幫助我們理解他人觀點——這個難得的機會，可以用來查明對方在探索人生時，真正的想法到底是什麼。閱讀就是傾聽——學習理解別人的觀點，同時進行思考、反思及比較眾多的世界觀。

不管讀的是小說還是傳記，耗費時間吸收別人的人生，讓我更進一步探索人們的動機，最後進入倫敦的皇家戲劇藝術學院（Royal Academy of Dramatic Arts, RADA）攻讀戲劇。在學院裡，我深入學習著傾聽在表演上的重要性。他們說，演戲就是反應。你必須完全專注於當下，才能真實地做出回應。我學到了如何像演奏樂器般運用聲音的音樂性來傳遞資訊、引發靈感、創造情緒。我學習呼吸方式，如何呈現信心，如何控制怯場的情緒。我學習運用自身的體格特徵，創造角色並影響觀眾。我學習如何善用身體。雖然當時的我並不懂，但是所有的表演技能，基本上就是重要的傾聽練習。優秀的表演者也會是傑出的傾聽者和演說者，但他們的技能還是始於傾聽，這是永遠不變的事實。

十二年後，我有了兩個孩子，決定轉換跑道、不再演戲。我攻讀了聲音研究的碩士學位，開始教書。研究

聲音基本上就是研究傾聽，留意哪些細微的變化可能讓聲音從乏味轉為迷人，從柔弱變得自信，從「口音濃厚」走向「容易理解」等。這個練習的主題是詳細精確的傾聽，還有很高的機率可以解決問題並促進轉變，好極了！

在撰寫論文之際，我抓住「突如其來」的機會，運用自身技能塑造及支援某個領導團隊的溝通事宜，並且樂在其中。如今，我在這個領域工作逾二十年。花了成千上萬個小時傾聽他人，藉此理解領導者所處情境的背景脈絡，嘗試各種技巧，傾聽對方的回應。我傾聽他人，是為了診斷、解決、換位、支持。藉此找到方法幫助領導者獲得啟發，進而擬定策略、塑造願景、訴說故事。我建立具有影響力的模式、制定談話準則、支持面談準備、建立有效的會議溝通。我確實投入傾聽，同時見識到領導者的傾聽所帶來的強大力量，以及其對組織和相關人員的參與造成的轉變成效。而傾聽者和說話者之間的交流，能夠（也應該）具有魔力。

到了50歲，我學會單純傾聽。我在撒瑪利亞會（Samaritans）接受過傾聽志工的訓練，這個英國慈善機構致力於傾聽陷入困境中的人們，其使命是提供單純

的傾聽服務，藉此降低自殺數量⋯⋯不是解決問題、不會提供建議、不提出觀點，而是讓對方有時間和空間探究自己經歷的情況。沒錯，我一輩子都在傾聽，但我從撒瑪利亞會的傾聽方法中，了解到更多可能性——也就是被人傾聽以後引發的轉變力量。這對我帶來最深刻的影響，幫助我開闊眼界，正視我們在社會中面臨的諸多難關。

我意識到，其實沒人教過我們如何傾聽——有些處境可能為某些人創造出比其他人更合適的情況，但基本上我們都得靠自己才行。然而，我很清楚，被人傾聽確實能夠挽救性命。

撰寫本書讓我有機會深思，在個人、公司、社會的轉變，高超的溝通技能具有不可計量的價值，而本書提出許多想法、練習建議、策略及故事等。

當你閱讀本書時，如果想要分享想法、知識、經驗或建議，我很樂意傾聽。我的聯絡方式：Janie@listeningshift.com。

為什麼要換位傾聽？

商業案例：迎來公司最大的成功

領導者為組織帶來的最大價值，就是他們營造的環境能讓人員發揮最佳狀態。

公司需要的領導者要能建立贏家團隊，戰勝競爭對手；領導者要能展現工作能力和正直的態度；領導者要找出大家相信的共同目標；領導者要能不屈不撓工作，營造讓大家覺得被包容尊重的文化；領導者會被以下的問題推動：「我如何讓你獲得更大的成功？」

換句話說，公司需要情緒智商高的領導者，要有競爭心態，同樣要有關懷心。

近期的事件促進了職場和工作方式的轉換──辦公室工作和遠端工作混合在一起，召喚著大家，也挑戰著大家。隨著科技的進步，很多工作被取代，我們彼此建立關係時也越發仰賴虛擬平台，領導者務必要有能力與同事建立關係，並理解同事的觀點、期望、恐懼，這一點再怎麼強調都不為過。

領導者必須培養傑出的溝通技能，將溝通技能列

為優先要務,同時持續提升。能夠提出正確問題及深刻傾聽對方的回答,並不是一種「可有可無」的心態,而是唯一的成功之道。

馬庫司・巴金漢(Marcus Buckingham)在其著作《首先,打破成規》(First, Break All the Rules)[1]中表示:「大家是離開經理,不是離開公司。」無法幫助部屬覺得自己受到重視、被感謝和理解(也就是被看見、被聽到),公司文化就會受到負面影響,也會波及公司的成長與聲譽。

> 我們這個時代有個重大的迷思,就是誤以為科技等同溝通。這個迷思在人類之間矗立巨大的屏障,使得我們渴望親密感。
>
> ——莉比・拉森(Libby Larsen)

‖ 人人都需要良好的傾聽

你的傾聽品質會影響到對方的說話品質⋯⋯反之亦然。

換句話說，只要你用心傾聽，就會幫助對方獲得成功；只要你善於表達，便可確保傾聽者能夠用心傾聽。無論你是遠端傾聽，還是跟對方面對面、共處一室，傾聽都是成功溝通的指導原則。

良好的傾聽，會降低恐懼感和改變的阻力，也會大幅減少流言蜚語和不確定情況的傳播，使領導力更為人性化，讓大家在共通的價值觀和理解下建立關係。用心傾聽就能促進信任的環境，增進團隊合作，凝聚團隊進而建立社群感。

只要用心傾聽，客戶就會來到你的門前，留在你的身邊。

用心傾聽，不是附和，不是建議，更不是共謀。不是等著開口說話，不是消磨時間，更不是在規畫機會。不是點頭稱是，不是發出認同的聲音，更不是留意相同的肢體語言。

用心傾聽是一門技藝、技能、練習及投入。要做到用心傾聽，需要做好準備、自我覺察、自我控制。要做到用心傾聽，需要好奇心、耐心、慷慨、對理解

的渴望⋯⋯如此一來，傾聽會成為一份禮物、報答及獎勵。

在傾聽型的公司文化，每個人會傾聽他人並被他人傾聽，使公司獲得更大的成功，誰不想那樣呢？

你會在這本書裡找到什麼？

在 Part 1，我們把傾聽想成一種籠統的概念，探討傾聽為什麼在職場上、在家中、在社會上如此重要，並且思考自己對於傾聽為何不如講授或習得的技能般重視。

第 2 章：輪班工作——探討哪些可能的途徑，可以用來實踐整個組織的傾聽計畫，讓員工和社群都知道你對發展傾聽文化的重視。我們會看看你有哪些選擇，並思考如何改變人們開會溝通的方式。

第 3 章：我要做到換位傾聽，掌握自身影響力——從學會傾聽自己開始。有個來自飛航安全說明、被廣泛引用的自我照顧比喻：要求乘客自己先戴上氧氣罩後，再幫別人戴上氧氣罩，這個比喻正好可以用在這裡。如果你還沒有做到善於傾聽自己，如何有效傾聽別人並管理干擾的噪音？

接著，我們會探討同理心為什麼有幫助。傾聽自己、理解自己，就有可能培養同理別人的細膩能力。傾聽可促進同理心，所以我們會探討你如何在職場上

發揮同理心,並且持續改進。

要做到用心傾聽,就必須從傾聽技巧做起,文中列出用心傾聽的十個步驟,並不是要讓傾聽變得機械化,而是因為有時面對某些人、在某些情境下,依循訓練結構會讓我們專注當下並做好工作——這些技巧會幫助我們做到良好的換位傾聽。

本書 Part 1 以跨越傾聽與說話之間的橋梁作為結束,也就是思考「確立意圖」的重要性。在重要的談話或簡報,意圖有如黃金般貴重。無論是說話還是傾聽,只要確立傾聽者感受到的語調,另一個人就會保持專注、明瞭並投入。傾聽的用意是要讓說話者扮演好他們的角色,用心表達的用意是要讓傾聽者傾聽,這樣的交流對大家都有助益。

在 Part 2,我們會思考如何幫助別人傾聽你。他們把自己的時間和注意力都給了你,所以你一定要找到正確的方式,幫助他們輕鬆傾聽。

第 4 章:換位傾聽具有意義——著眼於幫助他人注意傾聽時的關聯性。溝通是因為我們想要說出某件

事,傳播我們擁有的資訊,我們會透過撰寫、說話或簡報的方式,把資訊傳播給傾聽者。我們都知道傾聽很困難,卻期望他人理解並全都記住,把我們說的每個字全都仔細聽進去。可是萬一我們的話語跟對方毫無關聯呢?對方怎麼會聽得進去?在這個部分,我們會探討以下三種實用做法,藉此為傾聽者創造關聯:給傾聽者一個傾聽的理由;利用精挑細選的比喻,讓傾聽者投入其中;學習訴說傾聽者的故事,運用傾聽者心中有意義的內容,讓對方投入其中並獲得啟發。

辛苦之處很扣人心弦,這正是每一齣逐漸揭露情節戲劇的核心所在。在第 5 章:換位傾聽很困難──呈現辛苦之處,我們會探討訴說自身辛苦之處帶來的力量,以及其為何跟關聯性有關。講述自己如何克服重重障礙,會令人振奮、使他人端坐傾聽。訴說你這一生的故事、個人經驗和見解,是令人信服的方式,可藉此跟別人建立關係;更是鐵錚錚的保證,他人會理解你想要他們做什麼,並且謹記在心。我們會探討有哪些選擇,可以讓你用強而有力的方式,來分享自己的經驗。

最後，懷著屠龍者勇氣的你，還是需要一套強大的技巧與做法，幫助你度過難關。第6章：你可以做到換位傾聽——指出技巧十分重要，可以幫助別人傾聽。並且提供一套方法，清楚表明：簡明扼要的技能、規畫簡報與談話的架構，會提供說話者安全感與自由度，有效運用你的聲音所帶來的力量，以及背景與環境的關聯性。上述因素皆會促進轉變，幫助人們專注傾聽。

　　本書結語提醒我們關係的建立與維繫——無論對象是誰——都需要為時長久又盡心盡力的慷慨與善待之舉。第7章：轉變發生——如何照顧身為溝通者的自己。書中提出一些建言，希望你會謹記在心，持續走在正軌上。我將分享我學到的一課⋯⋯希望它能提醒大家傾聽他人的目的是什麼。

∥ 傾聽者：幫助別人傾聽

　　我為了撰寫專欄「傾聽者：幫助我們傾聽」，在搜尋過程中，我訪談了多位人士，他們的專業有賴於

用心傾聽，或幫助別人傾聽。他們的個別觀點摘要，還有每個人提出的建言，散落在本書各處。

▍閱讀時的額外資料

閱讀是傾聽的一種，頁面上的文字使我們深刻理解作者的想法、動機、信念、由衷的喜悅與挫折感。我們沒辦法質問作者的思維，只能目睹。如果我們不贊同，不是繼續讀下去，就是一走了之；如果我們贊同，或許會以滿腔的熱忱，去享受下一章的內容。閱讀時，我們會集中注意力，開始理解及深思我們學到的東西。閱讀是絕佳的方法，可以用來學習如何發揮同理心，畢竟我們有幸得以理解主角的故事全貌及其對主角產生的影響，這是我們在自己的人生中少有的經驗。

你的閱讀方式也許會讓你稍微深入理解自己的傾聽方式……想要真正投入故事，需要具備哪些條件呢？你在一天當中什麼時間最能集中注意力？你會「一次做完」還是「一次做一點」？你覺得以下哪一

種內容較易閱讀，是冗長的敘事式段落，還是留有空白處的短段落？你喜歡什麼？你覺得什麼很煩？也許你可以利用本書深思，對你而言最有效的閱讀方式……並思考這件事對你傾聽談話的方式有何啟發。沒有任何一種做法可以一體適用，但這個率先又溫和的反思可說是正面的起點。沒有固定規則，只要做到察覺便可。

然而，雖然閱讀很有意思、很有助益、具有資訊量，卻不是落實傾聽與說話的最佳方式。我想讓你有機會傾聽真實的談話與簡報案例，被聲音與樂音激發，被詩作打動，體驗各種靜觀法。為此，我彙總了一系列的傾聽經驗供你體驗，在你持續閱讀時，激發你傾聽。若想進一步探究，請至 www.listeningshift.com，該網站提供了更多讀物的連結，你可以查看，或是聯絡我。

‖ 先質疑自己……

我很清楚，人們購買這類書籍，是希望找到我們需要的答案，好讓我們能夠改造自己，成為這個主題的大師。我希望自己買的很多書只要擺在書架上或放進手提包，就能吸收書中提供的資訊。當然，事情不可能這樣，我沒辦法給你一顆萬靈丹或施施咒語就讓這件事成真。不過，確實有個好消息……成為優秀的傾聽者並不是魔法，甚至不是才能，而是必須做到自我覺察、遵守紀律、慷慨大方，這些都是大家做得到的事。書中提出的諸多建言，會幫助你促進自身技能的轉變……只要你願意去做。

我的研究已證明了多年來其他人提出的見解——人們都以為自己是相當不錯的傾聽者，而都覺得別人不太懂得傾聽，這樣分歧的意見正是問題核心。

如果我們是從「改進自己」的前提條件開始著手，便能誠實評價自己的傾聽情況，並且看情況採取行動。

請在閱讀本書時，質疑你對自己的看法。我們沒

有一個人是完美的傾聽者。傾聽十分困難（之後我們會見識到），卻也很有收穫。接受吧，你有工作要做，要主動承擔。如果你努力改進，即使只是改善人生中某一段傾聽關係，就已經算是完成一件令人驚嘆的事情了。

你說話時，只是重複說出自己已經知道的事物；不過，當你傾聽的時候，可能會學到新的事物。

——達賴喇嘛

換位傾聽為什麼如此重要？

傾聽的環境

「聽好了！」……

這句話我們全都聽過，也許是命令、指示、要求或請求。短短一句話表現出對方需要我們完全專注在當下。基於實用和情感的理由，在危機情境下、建立關係或想了解情況時，我們都需要被人傾聽，也需要做到用心傾聽。

人類是社會動物，清醒時經常在溝通——無論是寫作、閱讀、說話，還是傾聽，我們都在跟別人交流，藉此學習、理解、促進雙方談話。

如果這件事這麼重要，我們必須特別擅長才行。

麥爾坎・葛拉威爾（Malcolm Gladwell）在其著作《異數》（Outliers）[2]中表示，若要成為某件事的專家，就需要付出一萬個小時的努力。根據這種說法，要以溝通者的身分成為專家，如果一天努力八小時、一星期努力五天，需要大約五年的時間；一天兩小時持續專注於該領域，就需要超過十九年的時間。

這時，你也許會放鬆地往後靠坐，覺得自己通過考驗，達成目標，投入了必要時間。然而根據葛拉威爾的論點，要達到專業水準，就必須勤奮工作，不斷改進，而這需要獻身其中、付出努力才行。他提到的一些例子，我們甚至可以稱之為執著了。

我們致力成為專家級的溝通者，前方還有很長的路要走。

傾聽可算是個人成長的「軟技能」，這往往低估了學習過程中必須付出的心力。任何領域的專家都會跟你說，要達到精熟程度，不但需要練習、輔導，還要向提供支持又值得信賴的顧問團隊，尋求幫助或意見回饋。光憑四十五分鐘的網路研討會、半天的工作坊或成長計畫中的某個單元，是沒辦法辦到的。

在領導力培養領域工作的那幾年，我注意到，為了成為專家級溝通者所付出的心力，很容易轉為學習新技能──如新的發展、與眾不同之處、什麼會讓領導者脫穎而出並成功壯大公司、留下功績。在他們眼裡，傾聽仍然重要，但光是陳述自己有意傾聽，無法讓事情順利進行。要做到這個程度，就需要投入大量

時間及努力。

我們必須依循溝通的基本原則,持續追求卓越,要改進溝通,就是要一輩子學習、測試、檢討自己的成長情況。

要成為傑出的溝通者,一開始就需要用心傾聽,然後思考自己如何幫助他人傾聽你。

‖ 為什麼傾聽這麼難?

誰教你傾聽?要是運氣好的話,你從小就跟著優良的榜樣一起長大,小時候受人傾聽,從經驗中學習,被引領邁向行得通和行不通的做法。也許你受的教育讓你擁有傾聽的技能,言談之間也有適切的重點……但也可能運氣不好,對多數人而言,沒人教我們如何傾聽,只是叫我們傾聽。美國非營利組織國際傾聽協會(International Listening Association)[3],其宗旨是在世界各地促進練習、教導、研究傾聽。該協會表示,只有2%的人接受過正規的傾聽教育,但說

話教育無處不在，而且在招募調查中，口語溝通技能一再進入十大要件。

心理障礙也會妨礙傾聽的能力。1957 年，心理學者里昂・費斯汀格（Leon Festinger）[4] 撰寫了有關認知失調對人類決策、信念、行為的影響。失調是我們設法合理化自身想法的過程，因為質疑自身的想法讓人感到不安。如果經歷的失調跟自我概念有關，就會更加不適；也就是說，如果我們認為自己是善待他人又有同理心的傾聽者，當受到某人或某件事物的質疑時，我們就會試圖否定或降服挑戰者。

我某位客戶的經驗十分能夠呈現這個現象（請見下述內容）。

「A」是某家全球組織的高階主管，也是團隊中唯一的女性，其餘六名成員皆為男性主管。她並不是團隊中職位最高者，會議通常由她的上司主持。她發現自己在這些會議中的發言經常被同事忽視。儘管她意識到「這種情況時常發生」，這讓她感到沮喪和缺乏動力。

她錄製了其中一場會議,播放給上司看,結果卻成為典型的認知失調案例,上司提出兩個不滿的地方來回應:

1. 「我們絕對想要聽聽『A』的意見,但她要更常開口才對!她好像不想發表意見。」

2. 「這場會議的重點跟『A的』領域沒有關係……她在這個場合其實不需要說什麼。我們平常會讓她更有參與感。」

　　在我們的日常互動中,上演許多這類案例,而我明白「A的」上司為何試圖解釋團體的行為並予以合理化。如果他認可證據的話,就會引發莫大的不適感,更得要深入思考自己的領導方式,以及他在開會時跟女同事的互動方式。如果他傾聽別人意見,就會讓自己感到痛苦,怪不得他會設法迴避。

　　最後,「A」離開組織,她坦言這次會談就是挫折與難過的主因。我認為,假如上司換種方式傾聽,也許她還會待在原公司,並創造莫大價值。

妨礙用心傾聽的因素，不只有心理因素，也許你很累、很冷、無法集中注意力，也許你背痛，也許你的子女在家自學，也許你覺得傷心、擔心、壓力很大，或有很多其他情緒，當中有些情緒也許是正面的。干擾的事物有各種類型、形狀、大小，因此我們難以傾聽。正如之後會在書中讀到的內容，確實有可能克服，但不見得容易做到。

▍文化對傾聽的影響

如果良好的傾聽技能，沒有在家庭與教育圈自然而然地傳授，再加上複雜的情緒與心理因素導致我們不願精熟該項技能，那麼認清我們社會廣泛缺乏良好的傾聽能力，不免引人憂心。

我們成為「說起話來滔滔不絕」的社會，每天約有七十二萬小時的影片內容上傳到 YouTube，根據演算法顯示，人們平均造訪時間為四十分鐘；或者說，我們每天平均在社群媒體花費的時間總共是二‧五小時。

社群媒體已成為主要的溝通方式，鼓勵我們把自己的生活放在網路上，建構自己的生活方式，加以展示並講述，要求別人關注我們。

2020年，發生卡羅琳・弗拉克（Caroline Flack，編按：英國電視節目主持人和演員）的死亡悲劇，社群媒體各處出現數以百計的訊息，督促大家 #bekind（意思是「善待他人」），呼籲大家發揮關懷，傾聽彼此。大家認清了社群媒體散播訊息帶來的影響，確實引起莫大的共鳴，但在傾聽上好像沒有改變任何事情。儘管有人堅稱我們應該傾聽，這種說法可能仍是主流敘事，但「說話」依舊十分盛行。

同年稍後，美國和英國興起抗議運動，強調兩國黑人、原住民、有色人種（BIPOC）面對的強大不公。民眾大聲呼籲改變，就此展開有益的對話。我們好像來到了關鍵時刻，也許我們已準備好投入其中、帶來真正的改變，受到影響的人們覺得自己能夠開口分享他們的經驗，主角準備好認知到自己是造成傷害的一方。然而，說話好像還是多過傾聽，防衛多過理解，結果依舊造成很多傷害。

其中一個原因就是政治制度，所有政黨都想被視為傾聽者。夏偉林（William Hague，編按：英國保守黨政治家）在 1998 年的英國保守黨大會上曾經提過；東尼．布萊爾（Tony Blair）在 2000 年提過；奈傑．法拉吉（Nigel Farage）進行脫歐公投宣傳活動時提過；大衛．卡麥隆（David Cameron）輸掉公投後也提過。傑瑞米．柯賓（Jeremy Corbyn）更把傾聽當成是自身領導力的支柱；2020 年，施凱爾（Keir Starmer；編按：英國首相）聲稱自己「傾聽那些難溝通的人們並要求跟他們談話」；而艾德．戴維（Ed Davey）在 2020 年夏季贏得黨內選舉後表示，自由民主黨連續三次選輸，必須「開始傾聽」。當然，這些多半是陳腔濫調，目的是突顯說話者是個好人，是促成改變的人，是值得信任的人。他們的傾聽風格和擁有的傾聽技能，卻帶來了問題。

在政治圈，傾聽的用意通常是要掩飾說話的機會。傾聽是為了解釋、否認、改變話題。

政界的傾聽與商界面對的傾聽議題相似——很可能是選擇性傾聽。還有個要素是回音室效應（echo

chamber），要看參與爭論的人物有誰。談話的領域取決於某些人，他們關注的事物可能是權力與階級，他們的聲音是透過鼓吹、命令、掌控敘事來表達自己。這場爭論好像跟傾聽的受眾毫無關聯，受眾也不願花時間關注爭論。

莉亞・巴佐（Leah Bassel）在其著作《傾聽政治學》（*The Politics of Listening*，暫譯）[5]中，質疑政治態度壓制或忽略了某些聲音。2018 年，她在多元與城市（Diversity and the City）活動上發表演說：「若要傾聽形形色色的員工經驗，我們需要願意改變說話和傾聽的角色，我們必須別再說了。」[6]

政治人物與商界領導者必須以不同的方式重視傾聽，並以自身改變當成榜樣，這樣一來，大家才能親眼目睹並從中學習。政治領導者必須關注不同的聲音，必須傾聽、不辯解。如果我們眼前上演的談話是由記者或採訪者掌控，只是論點和相反論點之間的交流，那我們就會停止傾聽──如果我們尚未停止傾聽的話。

‖ 為什麼傾聽這麼重要？

以下是緊迫的優先事項，需要所有人傾聽：

1. **展開多元談話**：無論你怎麼看，這類談話都很痛苦——那些覺得受傷的人，那些設法認知到自己是造成傷害的人（不管多麼無意），他們都想要說出內心想法。我們需要深入傾聽，不要辯解。現在該以夥伴的身分進行談話，具體承諾自己會做出改變。些微的臆測、評斷或淡化對方說的話，都會進一步損害關係，所以務必要以高超的傾聽技能控制這類談話。公司要成功，就需要多元的思維。有一個強大的商業案例，要求立即把多元談話列為優先要務，但想獲得成功，必須先認知到公司需要建立傾聽文化並培養傾聽技能，藉此支持這類談話。

2. **包容**：人類是社會動物，需要覺得自己跟別人之間有所連結。有了連結，會提高幸福感，增強心理安全感。傾聽時懷著同理心、關懷心、慷慨心，對方就會覺得自己受人關心，覺得自

己很重要。員工投入度調查通常會提出「要求改善溝通」，結果員工會從領導團隊那裡收到一大堆電子郵件、電子報、最新消息、部落格文章。內容讀起來也許很有意思，但這樣處理問題錯了吧。擔心溝通問題通常算是示警紅旗，表示人們覺得疏離、不明確、被排擠。請傾聽屬下表達的擔憂，再強調一次，不要防衛，也不要辯解，就會開始搭建橋梁，這意味著優先要務是努力包容。

3. **鼓勵人們談論心理健康：** 我的客戶組織多半全力支持職場的心理健康，鼓勵人們說出自己的情緒經驗，讓大家覺得誠實說出難關、困難、辛苦之處也沒有關係，並且認可組織有權支援。如果我們期望對方跨出這勇敢的一步，就必須確保對方開口說話時會獲得用心傾聽。職場上負責員工福利計畫的人員需要接受培訓及支援，如此一來，才能對自身的傾聽技能充滿自信⋯⋯並且懂得處理自己聽到的內容。

透過科技產品,很容易就沒有注意到他人的痛苦,所以你的傾聽技能甚至需要更多的磨練,才能確定自己注意到的是正確信號,這樣一來,當對方需要你時,便可以專注當下,全神傾聽。

∥三個提問,思考自身傾聽力

1. 傾聽的目的是什麼?
2. 誰教你用心傾聽?怎麼教?
3. 你是如何做到輕鬆傾聽?

傾聽者：醫生

瑞秋‧梅森（Rachel Mason）是金斯敦醫院（Kingston Hospital）婦產科的初級醫生（junior doctor，編按：資格相當於臺灣住院醫師），她說傾聽是她工作的基礎。

她告訴我，有一點十分重要——必須讓患者覺得自己被人傾聽。因為患者感受到自己被傾聽，就會產生自信。傾聽是建立信任的重要途徑，而身為年輕的女醫生，要讓患者掌握自身處境的全貌，傾聽更是第一要務。

瑞秋對我說，通常在十分鐘的談話裡，患者會說出他們覺得重要的所有事情，但她的角色是傾聽患者可能忽略的微小細節，那些細節跟診斷結果可能息息相關。心不在焉——就算只是暫時——都可能錯過某個重要的內容。

幸好，醫學學位教她重視溝通，經常強調傾聽的價值及相關技能，還要懂得怎麼跟情緒化的患者做到清楚的溝通。瑞秋經常著眼於運用清楚簡潔的方式，傳達正確資訊，把複雜的細節拆解成幾個小部分，用不疾不徐的語調說話，這都已經成為她的第二天性。她認為投注在這方面的學習時間，也對她個人有利，使她得以培養高品質的注意力，因而改善所有的關係。

　　身為醫生的瑞秋已學會把所有偏見排除在門外，不予評斷患者可能的行為作風。因為根據她的觀察，恐懼或激動的情緒會讓人表現得粗魯或暴力。她會深呼吸，並且提醒患者，她在這裡是為了幫助患者，然後她會讓患者說話。接著，才換她說，而患者都會因此好轉。

　　她提到自己在職位上承受的壓力顯而易見，當她覺得自己即將爆炸，她會暫停一下，

然後深呼吸,再振作起來。經由這個重要的過程,她在面對下一位患者時,還是能發揮最好的一面。

她的建言鼓舞了我。她刻意把感謝別人列為優先要務,她會盡量表達感恩之情。她說,這樣做能夠提高信心,創造出「更好的環境」。

她的工作最困難的地方,就是她會「記在心裡」,有時想著自己做的決定到底正不正確。然而她說,如果她覺得自己是以尊重和感恩的態度對待患者,那麼她會知道,自己已經把工作做得很好。

02 ｜ 輪班工作

當我們想要傾聽整個組織裡不同的聲音，並且探討哪種模式可以讓傾聽者覺得，無論什麼談話內容，自己都能被人傾聽。

輪班工作很辛苦，通常不會在正常上班時間工作。之所以這樣說，是因為你也許認為「換位傾聽」是額外的負擔，覺得要在平日的職責外，騰出另外的規畫時間。

不過，我相信你的努力會獲得回報。

・在組織裡落實傾聽的五種方式。
・如何主持傾聽會議。
・說話者／傾聽者技巧。

在組織裡落實傾聽的五種方式

2017 年，證券管理平台 Carta 執行長亨利・沃德（Henry Ward）在 Carta.com 網站刊出公司的影子組織圖（shadow organizational chart）。[1]

沃德的傳統階層式組織圖跟其他組織圖一樣，都是由上而下的「譜系圖」（family tree）。不過，沃德的影子組織圖是鉅細靡遺的網絡，目的是呈現 Carta 組織裡錯綜複雜的人際影響關係。沃德想找出自家公司具影響力的人物有誰，那些影響者對於自身職位的相關文化和決策造成何種影響。

結果很有意思，主要是因為沃德在調查公司前二十位影響人物有誰時，他發現自己身為執行長，竟然連前十大都沒排入，而感到自慚形穢。

我想，不是只有他一個人這樣。

對整個組織而言，傾聽是頗具影響力的機會，但仍需要持續不斷，永遠處於待機狀態……態度還必須真誠。

以下是在企業中促進傾聽的方法：

1. **試試傾聽審核（listening audit）**：沒人有時間完成冗長的參與度問卷調查。參與的目的應該是展開談話、開啟辯論，而不是提供放進行動計畫的資料。利用機會創造對話，提出問題幫助理解，作為溝通者的你如何為人員提供更好的服務。仔細思考哪些問題最適合你的公司，你要如何以群體的身分共同合作。可以試試看以下的一些建議：

   ・職場上的重要人員會不會傾聽你的聲音？
   ・是什麼讓你覺得被人傾聽？
   ・作為組織，我們要如何做到更用心的傾聽？

2. **找出傾聽者，徹底訓練他們**：這件事不應該只是人資的職責或專案。公司裡負責主持會議的人員必須是訓練有素的傾聽者，但是你可以做得更多，把新措施宣傳成改變文化的計畫，說明它的重要性，找出誰對傾聽同事觀點懷抱著由衷的好奇心。這些人或許來自公司任何部

門,理想的情況下,應該要能代表公司的各個部分。一旦你找出一群懷有好奇心與關懷心的傾聽者,請務必教他們特別用心傾聽。學習過程需要的不僅是一次的主題工作坊。我會建議為你的組織設計專門的培訓計畫,運用混合學習(blended learning)——線上結合面對面的學習,並提供做法和同儕支援團體。讚揚傾聽者做出的貢獻——在你的公司文化中,把他們當成完美的範例,公開認可並感謝他們做的事情。如果大家看到身為領導者的你非常重視這類技能,就能創造出正面的漣漪效應。

3. **創立傾聽小組,由傾聽者掌管**:傾聽小組的原則跟打造焦點小組很像,都是一小群人員,針對公司特定主題或業務發表想法,差別就在於傾聽小組的目標是做到持續且全面傾聽。在群體專案中,傾聽小組也許會稱為「傾聽圈」。名稱很重要,所以選擇的名稱要適合你的公司文化。傾聽小組的目的不是產出,不是設法解決問題,甚至不是診斷問題。這是一種分享經

驗的制度，並且只在傾聽模式下得到他人認可。透過分享故事的制度，我們建立幾個世代的關係與群體。目前很多的名人金句溝通法，使我們缺少這類的關係連結練習，因此我們需要重新進行練習。

4. **舉辦「全員大會」**：這是個良機，可藉此真正傾聽及回應公司大量員工的意見。我見過這類活動以開放問答的形式進行，的確可以成功，但會仰賴少數幾位顯眼的人物代表開口。這個實用的安排，結合了本書討論過的所有技能，因為你需要以清楚、簡單又自信的態度溝通，並且懷著好奇心與建立關係的意圖，公開回應。

運用本書 Part 2 的策略有助表達你的訊息，讓訊息能夠被人傾聽，但是該怎麼確保互動交流？以下列出我最愛的一些手法：

· 提前請他們提出問題並回答問題。BBC 節目《提問時間》（*Question Time*）錄影開始前，會在觀眾等候入座時，請觀眾寫下問題並交回。然後，製作人把這些問題當成主

題,而切合主題、設計得最好的問題就會在節目中被提出。運用這種方法,請與會者在開會前提問,就能掌握大家心目中最緊迫、最熱門的議題。

· 開會時撥空把與會者分成幾個小組,每個小組五或六人,進行十至十五分鐘的談話。給他們一個跟你的訊息有關的討論主題,請每組想出一個問題,以書面提交,或選出發言人代表整個小組提問。

· 在簡短的介紹議題或想法後,請如前文所述,把與會者分成幾個小組,但由團隊一員負責協助(如果是其中一位傾聽者,就更好了)。這次的談話時間要更久,大約三十分鐘。每組有一人負責筆記,提交談話內容,可匿名進行。請清楚說明為何要有一人負責筆記,還有筆記的使用方式。發表意見的人需要有安全感才會開口說話,否則只會得到禮貌的評論,但內容毫無真正價值。

· 要營造能讓人們創意互動的環境——比如公開的書寫或錄音場地,讓員工可以針對聽到

的內容分享想法。有時，這種充滿活力的方法被稱為「世界咖啡館」（world cafés），可以讓每個人都加入談話，具有強大的影響力。在接下來幾天，致力於摘述你讀到／聽到的內容並做出回應。世界咖啡館的練習方法，可至 www.listeningshift.com 的資料部分進行了解。當你跟一大群人投入談話時，務必明確遵守承諾。你的回應務必一致——如果你打算星期四晚上六點回應，那一定要在這個時間回應，不要找藉口。神經領導力研究院（Neuroleadership Institute）的大衛·洛克（David Rock）[2] 表示，要達到頗具影響力的成就，最重要的條件之一就是讓人們擁有確定感。根據洛克的研究，人們要求改善溝通時，往往會渴望確定感。你不用過度承諾……在這個脈絡下，確定感的意思是——你說了要做某件事，就必須言出必行。

5. **舉辦傾聽巡演或交流活動**：為了獲得正面又有建設性的改變，公司的資深領導者——包括董事長、董事、非常務董事——若能經常親自探

訪公司各部門人員（或用虛擬連線方式），理解人員感受並傾聽他們的想法，就會獲益良多。有些人可能會被引領談話的人士之地位影響，覺得這樣的談話令人生畏，因此，務必秉持開放、坦誠、隱私的態度，花時間建立信任。語調應真誠又具有意義，絕對不可以刻意表演。績效心理學者查理・恩文（Charlie Unwin）享有卓越的職涯，曾經擔任陸軍排長，在伊拉克服役。我記得他聊到軍中職位，還提到四分之三杯的談話模式。他經常跟部隊的人聚會、喝茶，為的是找出他們真正的感受。他說，其實要等到茶喝了四分之三杯的時候，才能了解他們真正的想法……談話從禮貌走向坦誠。在傾聽巡演期間，務必記住：在任何一家公司，跟資深領導者溝通時，往往要有禮且精心安排。只要你表現得很有耐心，有時間跟對方仔細聊聊，那麼茶喝了大約四分之三杯時，你就能掌握事情的核心。

如何主持傾聽會議？

在職場生活裡，花時間又無從避免的一項特色便是會議。會議若能發揮作用，可促成理解、提高生產力、促進團隊的融洽關係。儘管如此，會議的名聲不佳——無以計數的文章闡述著會議和會前準備作業耗費時間、引發挫折感。

團體裡的傾聽是最大的傾聽難關，這是因為人際互動交流、偏好的溝通風格、情境政治所致。我們很容易以為別人正在聽，或是讓自己看起來像是在聽，但我們的思緒可能早已神遊別處。

前陣子，某位客戶向我表示，COVID-19疫情第一次封城時，執行長召開了為期三天的會議，每個會議時段有40人參加。會議一開始以簡報形式發布討論事項，與會者在開會期間全體出席，一整天的休息時間只有午餐時。

每天到了會議尾聲，就會公布一長串的行動要點。客戶表示，他們「根本不曉得接下來應該做什麼」。開會期間，多數人都是處於靜音狀態，有些人

的視訊鏡頭會一直開著,但大部分人不會打開視訊鏡頭。每個人都是繼續處理電子郵件和其他工作。

在高度精密複雜、全球成就斐然的公司裡,這類會談行為還是明顯令人失望,也沒有達到預期成果,反而帶來挫折感、倦怠感,無可避免要大量地一心多用,沒有人真的在聽。

人類似乎能持續集中注意力好幾分鐘,接著生產力才會下降,但 Outlook 行事曆活動邀請、Microsoft Teams、Zoom 都會把時間區段設成一個小時或者三十分鐘,所以就算我們覺得談話已經結束時,還是很難一走了之。

‖ 營造傾聽會議的環境

1. 找出人們希望的會議時間長度⋯⋯希望會議之間有多少時間可以深思及休息。

2. 開會前請就討論事項取得共識——找出與會者想要討論的事宜,與會者希望做出什麼貢獻。

3. 為秉持合作精神，請大家就最合適的開會時間、地點、方式，取得一致的意見。

4. 目標是只開會十五分鐘，然後請大家散會，思考開會時提出的要點或議題。TalkWise 的艾倫・羅伯森（Alan Robertson）[3]建議，把討論要點重新詮釋為問題而不是主題，這樣一來，就能明確投入以解決方案為主的結果。

5. 請人員對共用的文件貢獻心力，下次開會前還能延續上次開會時的談話內容，例如使用 Slack 或 Mural，或任何一種公司適合的應用程式平台。

6. 在大家同意的日期，帶著資訊再次集合，並且短暫開會，針對後續步驟取得一致的意見。如果跟決策有關，你現在收集了每個人的觀點，可以舉辦非正式投票，看看共識是什麼。清晰、簡潔、合作是組織結構的要件；但在架構分明的會議裡，傾聽行為也很重要。

學習傾聽的實用技巧

當你負責主導傾聽會議時,不妨試試一種名為「說話者／傾聽者」的實用技巧。該技巧出現在伴侶治療法[4],但可以簡單又有效地調整,應用於需要提升傾聽技能的會議談話中。

這個技巧專門用來讓傾聽者把注意力集中在對方的發言上,並確保他們出現理解的表情。雙方都不會說太久,每個人都尊重對方有權說出他們要說的話,並且避免「現在輪到你、接下來輪到我」的對話模式出現在會議談話上,不用先忍受同事說的話,然後才能表達自己的觀點。我很常看到這種類型的會議談話……這不是傾聽,這是等待,而且會造成插話、解讀、推論。

嘗試任何一種新的溝通方法時,務必記住,起初也許覺得有點吃力、費力或笨拙。就算平常採用的方法不會百分之百成功,但這類方法經過多年運用,可能非常熟練又容易使用。嘗試新方法或許笨拙又不自然,卻值得實踐,因為新習慣就是這樣形成的。請告

知每位與會者可能出現什麼樣的感受，並在開會後檢討實踐的情況，這樣一來，大家就能繼續發展方法並增強技能，同時激勵會談行為。絕對值得一試！

多年前，星期五晚上我都會跟一群朋友度過。我們會去看電影，然後都是去同一家餐廳吃咖哩，我們會擠在一張大圓桌，暢聊剛才看的電影、政治議題、我們的生活等。有時，談話會變得十分激動，當時我們並不知道「說話者／傾聽者」技巧，很自然就定下規則，拿到胡椒罐（沒錯就是胡椒罐！）的人，所有人都會把注意力放在他身上。說話者講完論點後，就會把胡椒罐遞給下一個人。每當意見交換開始熱烈起來，我們就會準備胡椒罐。有時，有些人為了取得發言權，會試圖抓住胡椒罐，這畫面聽起來也許有點奇怪，其實有趣又具包容性，把每個人都考慮進去了。

這種方式讓我們的談話更適合在餐廳進行，這是好處，但更重要的是意外地能鞏固團體，使我們得以理解不同觀點，並相信我們有機會分享自己的觀點——如果我們想分享的話。有些人天生就比別人更具有引導力，他們會刻意納入寡言者的聲音。我從中學

到很多,並應用在客戶的團體引導上(當然,用的不是胡椒罐,而是會議桌上某個好用的東西)。

　　被人傾聽就會獲得活力──就算你發現這種技巧很難純熟,還是要堅持採用。有一點很重要,務必懂得別人的感受,還要知道那樣做是否會帶來你想要的結果,這樣一來,你將大有可為。你甚至可以跟朋友及家人一起試試!

說話者／傾聽者技巧

說話者的規則：

1. 說出自己的想法,不要解讀別人的想法。
2. 不要一直說個沒完。
3. 經常停下來,讓傾聽者使用另一種說法,來重新敘述。

傾聽者的規則：

1. 把你聽到的話用另一種說法重新敘述,不要擅自解讀。
2. 不要插話,不要反駁,把注意力集中在說話者的發言內容。

雙方的規則：

1. 說話者有發言權。
2. 傾聽者正在用另一種說法重新敘述時,說話者有

發言權。

3. 輪流擔任說話者,確保雙方的聲音都公平地獲得傾聽。

II **說話者的規則**

1. 說出自己的想法，不要解讀別人的想法。在自我覺察和掌控上，這一點可說是重要環節。我們聽到對方表達想法時，很容易會猜測對方的話是什麼意思，而不會進一步確認或釐清。例如：

   說話者說的話：「這個專案花了很多時間，我們需要增加資源，才能抵達最後階段。」

   傾聽者的解讀：「他們要叫我週末加班。」

2. **不要一直說個沒完**。你有沒有看過縮寫字 WAIT？它代表的是「Why Am I Talking?」（為什麼我一直在說？）當我們說話時，這是個實用的確認方法。在開會時，注意與會者花了多少時間發表觀點，看看你能不能判斷哪種做法最好。前陣子，我在網路研討會的談話期間注意到某位客戶，我對他提出了意見回饋。對於採訪者提出的每個問題，他分別都花了整整四分鐘的時間回答。他的用

意是提供幫助，例如確立背景脈絡、提出各種想法和觀點、分享自己的經驗。然而，時間太長了，沒有人能把注意力放在某個論點上，進而無法用另一種說法重新敘述，因此就難以做到傾聽。

3. **經常停下來，讓傾聽者使用另一種說法重新敘述**。除非會議一開始就把這件事確立為程序，否則很難做到。也許只有在主題複雜、可能引起激憤或投入其中感到痛苦時，你才需要做到這件事。如果談話一開始沒有把這件事確立為手段，而你又很常使用它，聽起來可能讓你顯得有些傲慢。關鍵在於清晰的用意。

Ⅱ 傾聽者的規則

1. **把你聽到的話用另一種說法重新敘述，不要擅自解讀**。用另一種說法重新敘述，就是你聽到的關鍵點之簡短摘要，而不進行解讀。說話者應該暫停一下，讓你重新敘述。

解讀的例子如下：

說話者說的話：「這個專案花了很多時間，我們需要增加資源，才能抵達最後階段。」

傾聽者的解讀：「你認為我們在專案上不夠努力，現在你想要讓更多資深人員加入，好完成專案。」

儘管要重述的說話者句子相當簡短（你可以重述整句話），以下是重新敘述的案例：

傾聽者的重述：「你是說我們必須竭盡全力完成。」

2. **不要插話，不要反駁，把注意力集中在說話者的發言內容**。在這個過程中，你會很想插話、糾正，或者使用「沒錯，但是……」的說法，請務必抑制這類渴望。

▌雙方的規則

終究會輪到你的……請讓對方完成思考過程,把要說的話都說出來;當你傾聽時,再簡短地重新敘述。接著,輪到你發言。指定一位引導者負責控制談話,或者使用物品來表示誰「有發言權」,這樣或許有助益。

▌如何持續改進

記住,若人們的想法、意見、建議沒被落實,或遇到意見分歧,很容易認為自己沒有「被傾聽」。這強調了確保他人得到適當傾聽並參與對話的重要性。

為了幫助你展開傾聽會議時,能成功運用這種技巧,請檢討自己身為談話小組的表現。在會議尾聲,騰出三分鐘時間,確認以下兩個問題:

1. 運用這種技巧時,在哪方面會很順利?
2. 若要改進下一次的談話,需要著眼於哪個地方?

║ 虛擬會議裡的傾聽

「說話者／傾聽者技巧」在線上會議中特別有效，因為線上會議通常很難控制個人發言。剛開始練習有架構的傾聽談話時，你也許覺得線上會議是不錯的起點，雖然是遠端進行，但是與會者會感激自己獲得充分表達的空間。

遠端談話讓人難以針對他人感受理解全貌——即「低語境」（low-context）環境。也就是說，我們跟同事共處一室時，得以仰賴的全感官影像，再也無法使用，而我們只能根據自己的所見所聞，來理解談話內容。通常會有光線不良的畫面、無用的鏡頭角度、劣質的麥克風，可能還有背景的干擾。運用說話者／傾聽者技巧後，每個人都可以說出想說的話，並且知道自己說的話會獲得傾聽與理解。這個機會可以讓談話做到真正的連結，不會只流於事務性，並能避免溝通不完整或引發誤解。

II 如何促進有關「包容性」的對話

　　領導者能對組織做的最重要、最寶貴的貢獻之一，就是正視組織需要針對「包容性」展開談話，這類談話會直搗「傾聽為何如何困難」的核心。我們可能會對即將聽到的內容感到不自在，甚至擔憂自己的情緒反應。說話者／傾聽者技巧無法撫平那些恐懼感，但只要懂得運用這種技巧，公司裡有權被傾聽、有話要說的人們，都能感受到並且真的被傾聽。這種方法的價值在於提供了可靠的流程，好讓你大幅提升影響力，進而改善職場生活。

幫助我們傾聽：衝突解決專家

班・葉格（Ben Yeger）是衝突轉化專家、顧問、以巴衝突的和平運動人士，也是動作治療師。[5] 2007年以來，他運用自身的技能與經驗，安排以色列人與巴勒斯坦人展開談話。曾是以色列軍人的班，提出了特別的觀點：我們習慣對衝突談話中的他人貼標籤，而質疑這種貼標籤的做法是項挑戰。這種個人漫長探索的過程，加上身為治療師的技能，使得他在傾聽方面擁有強大的洞察力。

在我倆的談話中，我最訝異的是班強調放慢速度的重要性——他認為，若你說話是要讓別人真正聽進你的聲音，證明你真的希望被人聽見，而這反過來幫助他人更好地傾聽。

我很想聽聽班談論，身為傾聽者的你要清楚了解自己可以承受什麼的重要性——也就是說，在某種情境下你能投入傾聽的範圍。他提出忠告，尋找解決方

案時會有風險，我們也許會比即將找到解決方案的那個人還更野心勃勃，於是我們設法把自己看見的畫面當成未來方向，因而無法傾聽實際發生的情況。

班有些絕佳的建議可供傾聽者參考：

・以愛為名，發自內心傾聽。
・當你傾聽及回應時，內在要放慢速度。
・認知傾聽的好處並多加學習。

03 ｜我要做到換位傾聽
——掌握自身影響力

在這一章，我們學習傾聽自己，以及如何傾聽別人。

・學習傾聽自己。
・培養同理心。
・如何傾聽。
・確立自己的用意。

學習傾聽自己

你很忙碌。我之所以知道,是因為有相關研究闡述組織生產力、身心倦怠、我們「永遠處於待機狀態」的文化。無論你的工作是遠端、在辦公室,還是混合兩種環境,你很有可能處於高壓下,有一大堆未完成的任務不斷煩你。

為什麼這一點對身為傾聽者的你很重要?因為要做到全神傾聽,就必須遵守以下兩條紀律:一,把干擾的事物擱置一旁;二,專注當下、傾聽談話。也許必須採用不同的方法,但很難想像有人沒學習如何全心專注當下,就能做到有效傾聽。

所以,我們來看看你也許需要做什麼事情。

∥ 四種傾聽自己的方法

1. 營造空間

任何類型的療程預約通常是以小時為單位,但療程時間只有五十分鐘,剩下寶貴的十分鐘要留給諮商

心理師,讓他們有時間完成筆記、短暫休息,把重心重新放回自己身上,準備進行下一個療程,這點很重要。這樣的準則對諮商心理師和當事人都有好處,不僅能減少「倉促行事」的情況,執業者也能營造有利傾聽的氣氛。

2. 觀念翻轉

在培訓論壇上,領導者講述領導與管理的差異時,都會表示迅速處理事情、完成待辦事項的成就感有多令人上癮,聽到這件事實在很有意思。我有個同事把這件事說成是解決謎題,而不是解決問題。以下是待辦清單細目的典型例子:

謎題	問題
・電子郵件	・確立願景
・會議	・探索文化
・Zoom	・組織設計
・製作範本	・了解同事與顧客
・整理簡報	・募款投資未來

- 績效檢討
- 經營項目
- 尋找共享辦公桌
- 解決科技議題

問題往往在情緒方面頗具挑戰性——它們可能長時間無法解決，難以控制、甚至演變成新的狀況，並持續擴大。然而，謎題在產出、完成、成就上令人滿意，在高壓下，人們會本能地轉向解決謎題，因為謎題會讓我們感受到確定性，還能迴避問題——那些充滿不確定性的領域。這類活動往往會激發腎上腺素、仰賴咖啡因、不休息、一心多用，可是我們需要的恰好相反，我們要做到專注當下並用心傾聽，而「完成事情」的拉力會讓我們遠離更深入的談話。你是否曾經跟對方談話，對方卻同時在寫電子郵件呢？這不是你擁有過最令人滿意的交流，充其量就是處理事務罷了。從傾聽者的觀點來看，沒有空間可以投入談話；而說話者的空間被壓縮，只能從傾聽者那裡獲得微秒的注意力，在那麼短暫的時間內，必須清楚表達需要

討論的問題、想法或解決方案。

傾聽是討論問題不可或缺的環節。談話時，你必須做到傾聽對話，若無法全心投入，請先為自己營造空間，平靜下來，做好準備，並思考自己需要營造的氣氛。

把重心放在自己身上，並做好傾聽的準備。這需要多久時間？只有你才知道，所以第一步就是確認自己的情況。

1. 我是在解決謎題還是解決問題？
2. 對我來說，五十分鐘療程的等價物是什麼？該怎麼做才能有利於我？

在職場上營造空間相當困難，但在家裡工作同樣困難，家中有一大堆干擾，有可能會吸引我們的注意力。

若要給自己最好的機會來傾聽自己，請營造出最適合你的空間。現在請花幾分鐘的時間，思考下一個要點。

3. 找出你在何時何地能進行最佳思考

想一下自己在何時何地能進行最佳思考……也許是在：

・遛狗時

・跑步時

・沖澡時

・開車時

・入睡時

以上例子也許會引起你的共鳴，不管怎樣，我幾乎從未聽過有人回答：「使用電腦時」或「使用 Microsoft Teams 開會時」。我舉出的例子全都是由空間營造出來的，也許是做出規律流暢動作的時刻，也許是毫無壓力的靜謐時光，讓你可以取用更深層的記憶，使腦波變得更平緩。在這些時刻，可以真正傾聽自己的聲音，察覺自身感受；在這些時刻，能夠深思自己想以何種方式跟別人交流，藉此解決工作中遇到的各種問題。只要你營造的空間能讓內在聲音獲得傾聽，

你就能聽到自己的內在聲音,而解決方案就在此處。

4. 察覺

當你傾聽對方時,若難以察覺自己的狀況,那麼也很難察覺別人的情況,這是自我覺察的原則。心理學者丹尼爾・高曼(Daniel Goleman)在其著作《EQ:決定一生幸福與成就的永恆力量》(Emotional Intelligence)[1] 已再三強調。

高曼提出的情緒智力模式,亦稱情緒智商(EQ),已經過多年演進,但有個詮釋始終沒變,那就是有能力監看自己的情緒和別人的情緒。

你現在有什麼感覺?疲累?雀躍?沉悶?根據 2017 年出版的研究報告[2],辨認出 27 種不同類型的情緒,所以你現在經歷的情緒可能是複雜的混合體。1984 年,教授保羅・艾克曼(Paul Ekman)[3] 發現有七種基本情緒,後來他往下修正到六種。數字方面或有爭論,但有一點是確定的:無論我們想怎麼定義情緒,我們全都感受到情緒的存在。

身為傾聽者的你,只要察覺自己正在感受的情

緒，然後選擇應對情緒的方式，就會獲益良多。有些情緒會出現，也許源於你對談話對象的感覺，或者出自情境對你造成的影響。務必多加察覺。

以防你在思考這道難關時，感受到各式各樣的情緒反應，以下清單列出 27 種情緒供你考量：

欽佩	崇拜	美感鑑賞
開心	緊張	敬畏
尷尬	無聊	沉著
疑惑	可望	噁心
同理痛苦	狂喜	羨慕
雀躍	恐懼	恐怖
有趣	喜悅	懷舊
浪漫	悲傷	滿足
性慾	同情	勝利

正念，人人皆有

近年，正念蔚為重要潮流，是日常生活中可採納的察覺練習。牛津正念中心（Oxford Mindfulness Centre）前主任馬克・威廉斯（Mark Williams）教授表示，正念便是時時刻刻都能立即知道自己內在與外在現況。這種寶貴的練習，已證明能夠改變很多人的人生。而這個領域的研究也持續發展，表示對於正念練習者來說，在動機與生產力方面應有一些益處。無論你對正念或任何一種靜觀法有何感受，都值得試驗一下，藉此增進覺察能力。

如果你想試試正念經驗會帶來何種感受，請至www.listeningshift.com，查看傾聽資料的正念練習。

還有一種覺察法是思考自己的無意識。請深思談話時，自己如何不假思索地做出回應，如何習慣性處理日常情境，這樣也許有助於重新定義未來採用的察覺方法。

哈佛心理學教授艾倫・蘭格（Ellen Langer）的知名著作[4]是在闡述無須冥想的正念，她認為正念是

普通又日常的能力,人人皆有,可察覺新事物。根據她的定義,無意識的特性是「受舊有類型束縛;是不假思索的行為,讓人無法注意到新信號;是在單一觀點下做出的行動」。

我很喜歡她呈現這個概念的方式,她重寫了小紅帽的故事:

從前從前,有個心不在焉的小女孩,叫做小紅帽。有一天,她去探望生病的奶奶,招呼她的卻是一隻穿著奶奶睡衣的狼。她驚呼:「奶奶,你的眼睛好大啊。」她渾然不覺,但明明以前就看過奶奶的眼睛無數遍。

覺察的重點就在於避免不假思索——小紅帽顯然常常去看奶奶,所以沒有仔細留意奶奶的外貌。就我們所知,她同樣忽略了奶奶那陌生低沉的嗓音,以及巨大的牙齒。小紅帽做的事跟我們一樣,都在仰賴不假思索的「自動駕駛」,對可靠的事實抱持定見。她很確定眼前的人是奶奶,以為自己不需要全心專注當

下。這種確定性是她的致命弱點。

蘭格認為,確定性是「引發痛苦的一種心態」。她表示,確定性「會麻木我們的心智,防備著可能性,並關起心門,無從觸及我們實際居處的世界」。

當然,確定性在領導力中有一席之地。稍早,我們思考了如何更深入地傾聽整個組織,而我提到了確定性在提供清晰度時十分重要——無論是後續追蹤,還是確保按時履行承諾,確定性都很重要。確定性對於建立信心與信任同樣重要,但在此我們應用的是覺察原則。你在一些談話中感受到強大的確定性,其實是個實用的指標,也許表示你傾聽得不夠。

在確定性成為工作方法前,請保持開放的胸襟,傾聽自己和他人的聲音,決策時保有好奇心、靈活度、靈敏力,不要被大野狼吃了。

II 勤做日常練習，改進覺察力

1. 我有何感受？

從一分到十分，一分代表情緒低落，十分代表你感覺最好，請根據你此時此刻的感受，憑直覺為你自己打分數，然後深入剖析分數背後的原因。

從不同的觀點思考你打的分數：有什麼因素促成這個分數？這是身體評估，還是情緒評估？你的心裡在想什麼？例如：「總分十分的話，今天是四分。我坐太久了，覺得壓力大，一直想著今天早上的談話，那段談話在我的腦海裡不停播放。」

身為引導者的我也把這個練習稱為「清空型傾聽」，運用這種方式就能察覺什麼因素或許會阻礙我全心專注當下。哪些事物會占據我腦海裡的空間……進而阻擋我察覺到其他事物的能力？請全部列出來。在完形心理學（Gestalt psychology），這種情況稱為「未竟事宜」（unfinished business）。無論你選擇叫它什麼，請一天練習一次，或者一天練習兩次或更多，這樣會闢出一條捷徑，準備好全心專注當下並用心傾聽。

這個練習搭配詞語選擇，也會產生很好的效果。限制自己使用一個詞語概括此刻的感受，盡量憑直覺快速選出。然後，以同樣方式來深入剖析那個詞語為何會突然浮現在腦海裡，請運用生理上、情緒上、心理上的洞察力。

2. 呼吸

注意自己的呼吸方式會獲得諸多益處，當中許多好處都有大量文件記載並且為人所知。我對於呼吸的感染力特別感興趣，身為表演者的我非常清楚，如果我緊張不安、屏住呼吸、短促大口吸氣，觀眾就會開始「嘆氣」，他們是在試著代替我呼氣。我看到觀眾坐立不安又不自在，不曉得觀眾為何會有那些反應。我目睹過人們在談話時屏住呼吸，等對方講完……雙方的壓力值因此升高，對傾聽肯定毫無助益。

我們都知道那種完美的嘆息，當我們抵達某個可以休息及休養的美好之地，比如週五晚上回到家、週末旅遊、在陽光下度假時，就會不由得嘆出一口氣來。呼吸掌控我們的情緒狀態，進而影響我們的行為

及旁人。傾聽者掌控呼吸,這一點是值得的,因為你的呼吸方式可能會下意識地影響到談話,這對你有好處,也有壞處。

試試以下的呼吸練習,來掌控你的狀態、取得控制權,並增加你的存在感。

進行呼吸練習時,請獨自坐好,閉上雙眼,這樣可能會有幫助。不過,下方的練習在哪裡都可以做,只要你能約束自己、注意呼吸就行了。當呼吸法達到熟練程度後,就是一條簡單的途徑,幫助你以沉著又中立的狀態做好準備,投入任何談話。

- **箱式呼吸法**:吸氣四秒鐘,憋氣四秒鐘,呼氣四秒鐘,等待四秒鐘。重做一遍。

- **四七八呼吸法**:吸氣四秒鐘,憋氣七秒鐘,呼氣八秒鐘。重做四遍。

- **溫度呼吸法**:用鼻子吸氣及呼氣,是簡單又正常的呼吸,不用額外努力。吸氣時,空氣進入鼻孔時會帶有涼感,呼氣時會有暖感。這是簡單的覺察練習,但很適合用來訓練。

3. 察覺周遭環境——聽覺

如果你有幾分鐘的時間，請採用這種可愛的方法來拓展察覺能力。可以坐著，也可以站著，只要你舒服就好。

請安靜不動，花一分鐘的時間適應環境，然後把注意力轉移到你聽得到的周遭環境上。也許沒有什麼東西，也許是科技產品運作時發出的一些日常熟悉聲響，只要察覺到近處那些聲音就可以。

然後，把注意力轉移到稍遠一點的地方，移到你所在房間以外的地方。接著更進一步，注意住處外或你所在的建築物外。此時此刻，請試著聽出你能聽到最遠的聲音，還有最遠聲音的所在之處，以及你所在位置之間的所有聲音。

這是專注當下的絕佳方法，你會完全意識到周遭環境，專注於此時此刻。

4. 察覺周遭環境——視覺

最後，看看你所處的空間，對於這個環境和裡頭

的物品,你察覺到什麼,東西是怎麼擺放的。

然後,暫時別過臉或閉上雙眼。重複練習三遍。

- 再看看你所處的空間,彷彿自己是個孩子般,也許是 6 歲或 7 歲。在這個空間,有什麼好玩的機會和破壞的機會?

- 看看這個空間,假裝你要負責清理。什麼會讓你很費力?什麼很容易損壞?

- 最後,看看這個空間,假設自己是設計師。要改變這個空間,有哪些可能性?什麼會造成你在重新設計時遇到困難?哪裡具有改進的潛力?

當你思考如何改進自己的傾聽力,也許可以進一步延伸這個練習。如果你跟某位同事或顧客進行重要談話,環境會以何種方式支持或考驗談話結果?[5] 對方抵達時,這個空間在他們眼中看起來如何?

我聽到很多領導者說,他們的大門一直都是打開的……但人們走進去時,會有什麼感受呢?唯有覺察,才會給你答案。

積思成言，積言成行，積行成習，
　　積習成性，積性成命。

　　　　　　　　——老子

傾聽者：正念教練

達米安・翁弗（Damion Wonfor）是高階主管教練、引導師、教練督導、正念教師。在他看來，要成為有效的傾聽者，正念練習是不可或缺的環節。他認為，在通過人生的重重難關時，正念練習有助於他在私人與專業上都專注當下。

身為傾聽者的達米安表示，正念有兩大優點：

1. 我們有能力把心智留在自己想要的地方。
2. 我們會意識到自身跟目前正在經歷的情況有何關聯。

他建議要確認自己的情況，經常提出下列問題，以增進覺察力……並改善傾聽力：

1. 我到底怎麼了？

2. 我正經歷什麼？我跟這個情況有何關聯？

我倆談過後一致認為，這是基本的練習，因為傾聽者面對重大或具挑戰性的談話，可能出現防衛反應——衝突情境、因應多元、接納包容、了解團隊或組織變化帶來的影響。對你而言，察覺現在發生的情況，可能牽涉到其他情報——身體反應、情緒反應，或跟直覺有關的事物。他提倡使用你可以用的所有東西，不要只著眼於內心思緒。我使用以下例子詮釋達米安的方法。

爭吵時被質疑，我會出現以下情況：

・想法：「他們不對，我會證明他們不對。」

・感受：我的喉嚨緊縮、臉部漲紅、拳頭緊握。

・知覺／直覺：這裡還有另一種情況尚未處理。

用心傾聽這一連串的情報，全心專注當下，就能選擇回應方式。達米安認為，這是注意早期警訊，進而較能信任身為傾聽者的自己。

他提出以下建議：

1. 深呼吸：傾聽時多半處於自動駕駛模式，思緒神遊。

2. 感受雙腳，感受座位：察覺接觸點，藉此把自己帶到此時此刻。

3. 保持好奇心：感興趣時就會集中注意力。

為什麼同理心有助傾聽?

擁有同理心往往更善於傾聽,聽到這種說法並不覺得訝異。然而,有不同種類的同理心可供思考,比如個人同理心、社會同理心、情緒同理心、認知同理心,接下來會探討各種同理心在何時、會以何種方式影響我們的傾聽。

身為領導者,同理心是不可或缺的特性。若要打造讓人們成長茁壯的群體,並且能夠——及想要——達到最佳工作表現,關鍵就在於理解企業員工的生活。有些人天生比別人更有同理心,但同理心就像肌肉,是我們可以展示及鍛鍊的。

致力培養同理心並變得熟練是可能的。有一點不容置疑,如果要培養同理心或展現同理心,就必須傾聽他人。如果不全神傾聽對方向我們描述的景象,我們如何理解對方?

關鍵就在於好奇心⋯⋯。

社會同理心

組織要落實多元化和包容性事項,就必須在談話時做到全神傾聽;而要全神傾聽,就需要探討及培養社會同理心。

我們比較熟悉以下的同理概念:在某個特定經驗、某次談話中同理對方,因此能理解對方描述的情境。這類「我懂你的意思」的談話內容非常廣泛,也許是通勤帶來的挫折,也許是失去摯愛的悲傷,也許是兩者之間的任何事物。要在這類談話中展現同理心,我們可能覺得很難,但普遍經驗上有共通的見解,就更容易建立關係。

在某些群體中,「我懂你的意思」比較不具有意義,而要具備社會同理心,就必須了解那個群體現在或一直以來的生活是什麼樣子。對方的生活和經驗是我們未曾有過的,我們可能完全不知道對方經歷過什麼事,無法仰賴個人洞察力,也無從展現自己理解更大的背景脈絡,卻還是試著理解,這正是傾聽的困難之處。

在社會上，對於黑人、原住民、有色人種的生活，或者女同性戀、男同性戀、雙性戀、跨性別、酷兒（LGBTQ）群體，我們抱持的觀點也許會因此往外拓展；或許也會更加理解經歷過食物貧窮的人們。

在組織中，也許是跟公司、工廠、分店的第一線工作人員有關，也許是理解那些覺得自己被邊緣化、被噤聲或被忽略的人。你可能跟前述任何一種情況沒有任何直接關聯或經驗。

這裡的難關在於，在談話中追問，不是為了理解當我們有經驗時可能怎麼反應，而是為了達到以下的理解程度：體會站在對方觀點時，會是什麼樣子。

換句話說，你可能聽到某個人再三遭受忽視、無法升職；開會時某人提出的意見與想法被否決，卻看到或聽到別人拿去執行了；被排斥而無法加入團隊建立（teambuilding）活動。聽到這類故事，你也許會強調：如果是自己，會有什麼感受……但這還不夠，你必須做到真正的傾聽，設身處地替別人著想，開始付諸行動。

2015 年,《紐約時報》(*The New York Times*)報導譴責了 Amazon 的職場環境[6],大力批評其管理做法並採用員工說詞,因此撼動 Amazon,而部分領導階層大力維護公司,批評該篇報導。傑夫‧貝佐斯(Jeff Bezos)回應:「那篇報導描述的不是我所知的 Amazon,也不是每天跟我一起工作、關心別人的 Amazon 員工。」

我不清楚 Amazon 員工的工作實際情況,但貝佐斯的辯解十分有意思。假如他經常在倉庫工作,跟倉庫的員工聊一聊,也許會發現 Amazon 員工的觀點跟他不一樣。他眼中的 Amazon,還有天天跟他一起工作的 Amazon 員工,無法完整反映 Amazon 每位員工的生活。也許他確實了解,但他帶有防衛性質的回答是為了停止談話——他的回答並未表明傾聽的意願。

1997 至 2002 年,英國 BBC 製作了五季的電視節目——《回到基層》(Back to the Floor)。由執行長或資深高階主管臥底,了解新人或基層員工在董事會領導者管理的公司下,到底過著什麼樣的生活。這個電視節目非常有趣,高層從毫不知情、實話實說

的員工那裡，得到無價的觀點，節目尾聲才會揭開真相，此時員工才知道自己跟公司最有力量的人物吐露了心聲。臥底的領導者會傾聽故事，了解公司怎麼對待員工後，總會在公司總部引發深刻的反思，以及展開艱難的對話，這就是同理心在發揮作用。接著，領導者會觸發重要行動，進而改善員工的生活、動機及支援。

也許你不想喬裝自己，來與員工對話，但只要展開談話，並鼓勵員工誠實評價公司的群體生活，自己和員工就可能因此獲益良多。想要有效進行，這類談話必須不只是禮貌的訊息或受到控管的訊息。那麼要展現自己努力傾聽，得以聽到真實情況，實際看清同事的生活，該怎麼做？

∥ 培養同理心

對演員來說，能同理角色的經歷，便能再現情緒，進而影響觀眾。運用自身經驗跟角色之間的關聯，就能在場景或戲劇裡，演出強大又真實的情緒。

要炫耀「同理心肌肉」，只要像這樣如法炮製就行了。運用自身經驗，找出另一個人可能有的感受。雖然，你和對方的經驗也許不同或沒有直接關聯，但是仍可以利用自己感受到的情緒與知覺，跟別人建立連結。

足球選手馬庫斯·拉斯福德（Marcus Rashford）運用小時候偶爾會挨餓的經驗，把心力用在宣傳兒童免費餐點上；學校放假時，有些兒童會很需要餐點。

拉斯福德的母親是努力工作的單親媽媽，有時很難餵飽家人，而他很尊敬母親的辛勞，以及其他處於類似情境的家長。由此可見，對於食物貧窮的人們所面臨的難關，他不但能傾聽，更是理解。他同理那些家長及孩子們的處境，而這份同理心促使數以百萬計的人們提供實際的經濟支援，並發起運動，促使政府改變立場，轉而在期中假期提供餐點援助。他那值得仿效的冷靜沉著、不屈不撓之態度，打動了我們，我們能體會他的感受。我們之所以信任他，是因為他能理解這些人的處境。

2017 年獲選為紐西蘭總理的潔辛達‧阿爾登（Jacinda Ardern），她的同理心與理解也相當出名。她面對悲劇，並不怕顯露出普通人的情緒，還堅決考量內閣裡毛利文化的聲音。由此可見，她代表的是截然不同的領導見解，並在好奇心的推動下，理解自己領導的公民的生活、群體、文化，為此引以為榮。以她的案例來說，她能夠同理他人，並不是因為她擁有直接相關的經驗，而是因為她認為自己的工作就是理解他人。

> *我關注同理心並引以為榮，*
> *因為同理與強大可以兩者兼得。*
>
> ——紐西蘭總理潔辛達‧阿爾登

‖ 情感記憶練習

在方法演技訓練中，這個過程有助於找出兩人經驗之間有何關聯，關聯就在於感受到的情緒——實際經驗無須是相關經驗或同樣的經驗。只要使用感官回

喚（sensory recall）的方式重溫當時經驗，很容易就能營造同理心。你可以輕鬆回想，也可以深入思考，視情境而定。

喬收購一家小型行銷公司，該公司有 30 位員工，他將留下 15 位員工，資遣其餘 15 人。留任的員工要整併到他既有的 35 人團隊，團隊裡都是基礎扎實、善於社交、任職多年的員工。這兩組員工都擔心情況的變化。喬目前的員工主要擔心公司文化出現變化，還有整併的成功程度取決於他們的包容技能。新加入的員工則難過同事被裁員，以及即將面對新的領導階層，在新的辦公環境跟新團隊合作，不確定生活變得如何。

若要充分同理相關人員，並努力支持雙方成為有凝聚力的團體，順利攜手合作，壯大公司並驗證投資有效，喬該怎麼做？

運用同理心

喬回想起童年的一段經歷，當時他搬到另一座城

市，還要轉校。他和一群好友分開，在新學校，他誰都不認識。在這段情感記憶的幫助下，他回想起當初的感受，這樣一來，在這段變化期，他就能跟公司裡的人員建立關係連結。

步驟一：感受到哪些情緒？

以喬的案例來說，他記得自己覺得怨恨，雙親的選擇使他被迫離開朋友。

他想起自己覺得焦慮不安，上學第一天走進學校大門就緊張得要命。

他也覺得寂寞，但僅僅在一天的開始，有短暫的寂寞感。

步驟二：感官記憶

- 畫面：喬回想起記憶中第一天去新學校看到的一切……建築、臉孔、顏色、形狀、大小。他回想起的任何事物，都跟他那一天看到的東西有關。

- 聲音：喬回想起自己聽到的聲音─家裡播放的廣播電台，上學前全家吃早餐的聲響，上課鈴

響前操場的喧鬧聲。

- 氣味：喬回想起家裡煮咖啡的香味，還有吐司燒焦的味道；他記起學校走廊的漂白水味道，以及第一堂課某位職員一陣陣的香水味。

- 味覺：喬回想起自己緊張的情緒，害他早餐的吐司嚐起來像是硬紙板；整個早上，他的嘴裡嚐到了金屬似的緊張感；到了午餐時間，情況才有所改善，而他開心吃著起司三明治和蘋果。

- 觸碰：喬回想起自己走出家門前擁抱父親，不想放手。他無法集中注意力，一根手指被置物櫃夾傷，他記得那股刺痛感，後來痛了一整天。他記得自己坐在教室裡的硬椅子上，記得電腦室的鍵盤按鍵打起來多麼流暢。

使用你的感官連結到某一段回憶，就能強烈回想起某個很容易被掩蓋的事件。這條通往同理心的途徑，使他能夠理解新團隊的感受——回想起事物曾經何等新穎又陌生，當時他第一個早晨經歷到的情況是何等格格不入。

雖然這個例子很簡短,但是喬可以更深入地回憶細節,任由內心思緒回溯,再度探索那一天的情況。

完成這個練習後,他可以傾聽想要表達意見的人們所擔憂的事。只要喬記得自己在這個情境下的情緒反應,那麼傾聽他人情緒而引發的恐懼感便會就此消散。他知道那是一段令人不安的時間,他能夠認同他人感受,在傾聽時展現同理心。

▌同理心問題

為了理解需要建立關係的對象的心態、行為、行動,請你花時間深思下列問題。這些問題是你規畫過程的一部分:

1. 對方如何看待這個情況?
2. 他們對這個狀況可能感到煩惱的是什麼?
3. 他們可能會感受到什麼情緒?
4. 他們也許需要什麼?

喬也許可以利用這些問題,深思公司整合相關人

士的動機與行為。

既有員工可能有的看法

此次併購是施加在員工身上,他們應該採用不同的工作方式整合新團隊。管理階層更重視利潤而非員工的幸福。新的工作量會帶來壓力。

他們煩惱什麼事

我會被取代嗎?萬一新團隊的表現勝過既有團隊呢?一切都會改變——工作的地方會變。隨著業務成長,會有愈來愈多的工作推到我這裡。

他們可能感受到的情緒

怨恨、緊張、敵意、不堪負荷、冷漠。

他們也許需要的東西

安心、明晰、定期溝通、團隊建立、穩定的步調。不要一次就試著做太多,請保持耐心。

更進一步：同理心地圖

在設計時，創作者通常會被要求製作同理心地圖，以顧客反應或者產品、服務的使用情況，來引導設計過程。

我們可以採用這些原則，轉化成同理心策略，使我們考量需要傾聽和影響的人們之背景脈絡和觀點。

要考量的問題如下：

- 人們看到什麼？
- 他們聽到什麼？
- 他們的動力是什麼？
- 他們害怕什麼？
- 他們的想法和感受是什麼？
- 他們說了什麼？

看看你能不能利用前述問題，深思人生中的關鍵人物，也就是你想改善關係的對象。你因此獲得什麼

樣的新觀點?

‖ 哪種同理心適合當下情境?

對於自己天生多能發揮同理心,你也許有一套看法。同理心有好幾個定義,這領域廣泛又複雜。關於傾聽,重要的是考量以下事項:

1. **情緒同理心**:我們目睹別人經歷的情緒後會受到影響,例如:看到別人在哭,就會跟著哭;聽到別人描述噁心的經驗,就會跟著覺得噁心。人往往會感受到對方的感覺,這種傾向看似強大,卻不適合傾聽。因為我們很容易被情境裡的情緒橫掃,然後情況就變得跟我們有關,我們抓住了那段經驗,還將那段經驗個人化。

2. **認知同理心**。理性認知到對方描述的情況。它包含情感,但同時保持冷靜與理智。

這兩種同理心都表露出何謂理解,但是就領導者的傾聽來說,比較客觀的分析可能會讓你傾聽此時此

刻的情況,並把注意力集中在別人身上,不會沉浸在那些動搖你的情緒裡。

‖ 你會不會同理心過剩?

同理心無疑會妨礙到理性的決策方法。凱文・達頓(Kevin Dutton)在其著作《非典型力量》(*The Wisdom of Psychopaths*)[7]中表示,有些職業受益於人格病態特徵——同理心極低者只要以具邏輯、冷靜、沉著的方式思考,也許就能代表別人做出改變人生的決定。想像一下,某個緊張的機師擔心自己如果出錯,全體乘客會發生什麼事,因為受情緒影響而動彈不得,無法做出解除危機的決定。在那種情境下,我們也許會希望對方不要太發揮同理心。

我發現有些客戶極有同理心,擔憂程度比別人高出許多,他們擔心自己的職位會帶來什麼影響。在記者會或簡報前,他們可能發現自己很焦躁;對於意見回饋談話或傳達壞消息,他們可能感到緊張不安;向董事會傳達最新消息,或者向同事發出挑戰,看看誰

能做得更多,這些事情都會讓他們覺得不自在。他們擔憂自己散發的訊息會如何被看待,這樣一來,可能阻擾他們發揮全部潛能——有時會受同理心逼迫,而不是得到同理心的協助。

如果你很有同理心,可能難以做出商業決策。面對公司任職許久又忠誠的同事,你卻不得不裁員,此時可能很難做決定。你或許會深思,這個消息會如何影響對方的家庭生活,想著對方要怎麼處理經濟問題,擔心對方有沒有機會找到相同職等的職位,這樣的念頭有一長串。對某些人來說,也許會因此延誤那些棘手的決定,使公司受到損害;對某些人來說,則是要付出個人代價,例如壓力、睡眠被影響、胃口改變等。所以,少點同理心聽起來很吸引人。

然而,千萬不要讓「你可能太有同理心」的認知阻礙你培養同理心,大部分的人都需要更努力設身處地替別人著想。

若認為同理心過剩會帶來負面影響,這只是逃避深入傾聽的藉口,請保持好奇心⋯⋯。

傾聽者：撒瑪利亞會

榮獲大英帝國勳章（MBE）的瑪姬‧卡麥隆（Maggie Cameron），加入撒瑪利亞會已有十一年，從她的觀點來看，傾聽是理解的基礎……如她所說：「你若不傾聽，怎麼能掌握情況？」

在我倆的談話中，我問瑪姬傾聽者如何暫停判斷，她的回答嚇了我一跳。她提醒我，一旦我們判定情況後，就會立刻停止傾聽。很多人都會不由自主地修正問題、解決問題，設法尋找、提出解決方案往往是強大的動力……但只要我們相信自己可以找出答案，來回答對方問題，就會把其他事情都奠基在那樣的想法上，在那一刻我們會停止傾聽。

為了應對這種情況，她建議我們試著別擔心自己接下來要說什麼。當我們對沉默變得更

自在時,就會培養出能力,把事情做好……就讓時間處理我們聽到的話吧。

瑪姬認為傾聽者的角色是作為共鳴板（sounding board）,並且主張去反思聽到的內容,當作轉變的工具。這是個簡單的策略。她說,如果你不確定自己該說什麼,請重述剛才對方說的話。通常你會發現他們表示同意,好像他們是第一次聽到似的,也許真的是第一次也說不定。

雖然,撒瑪利亞會的志工總是會聽到他人痛苦又辛苦的人生故事,但是瑪姬發現這種方法可以幫助她去感謝人生中擁有的東西。她說:「如果你讓別人講話,你學到的東西會多出許多。」

她提出一些聰明的建議,可以改進你的傾聽情況:

・給對方時間:若要幫助對方處理現況,談話的時間與空間是不可或缺的要素。

- 消滅任何干擾：關閉手機和電腦。如果有任何東西會妨礙到你，你就無法傾聽。

- 專注當下：不要認為自己在場是為了影響或引導對方，你在場是要作為對方的共鳴板。

如何傾聽？

「你說的話是你的東西，我聽到的話則是我的東西。」

對於自己採取的行動、表現的某種行為，以及堅守的某些信念，我們都很了解背後的理由，這種自利偏誤（self-serving bias）是人類天生就有的心理特性。所以從自身觀點來看，我們的決定和行為都很清楚、理性、合理。我們會花費大量時間思考與反思，檢討自己做出的行動，反覆合理化那些行動，而不理解或沒有回以相同見解的人，就會摸不著頭緒。這麼明顯的事情，他們怎麼就是不懂？

我們往往不會以同樣的深度去理解別人，其實我們可能只看別人表面上的行為和行動，開始據此對別人貼標籤。你認識的人有沒有「一直」表現出相同行為？「永不」改變他們的做法？認識對方愈久，就愈覺得自己能夠預測對方的行動，「知道」對方在想什麼，或對方會怎麼回應某種情境。行為科學家把這種現象稱為親密溝通偏誤（closenesscommunication bias），特別適合用在感情關係上，但也適用於我們跟對方有充分相處的時間，覺得自己能預測對方回應時。你也許認為，經歷一段時間而奠定的見解會是絕佳的決策捷徑。你以為這表示自己投注心力跟對方建立關係，終於有了好結果，你們「看法一致」、「支持彼此」，還能進行更深入的談話，進一步培養關係。

前述說法或許真實無誤，但要是我們覺得自己已經知道對方會怎麼回應，那麼提出問題到底有什麼意義？我們通常不會提問，要是真的問了，我們也不會傾聽對方的回應，因為我們早已在腦海中預設了答案。

大約十五年前，我開了一系列的教練諮詢課程，對象是某家銀行的總經理。他總會問我過得如何，我都是正面回應。不管是誰問候我的情況，幾乎99.9％的時候我都是正面回應。不過有一天，我的狀況相當差，家裡有很多事，我內在和外在壓力都很大。我們在銀行接待區碰面，他跟往常一樣問候我的情況。我記不得自己回答的確切用語，總之

我決定老實跟他說，因為那時我們相當熟識彼此，我以為自己可以信任他、可以坦誠回答，所以我說：「其實，不太好……」我正要解釋時，他輕鬆隨意地回覆：「好，好，聽到你這麼說，很開心！」我要說，他人真的很好，是優秀的領導者、重視家庭的男人。後來，我讓他注意到他沒在聽別人講話，他尷尬不已（我沒有當場指出來，是後來上課，他比較能聽進別人的話時，我才說出來）。

對於「你好嗎？」的提問，我通常會回以標準的「很好，謝謝。」我很清楚那是因為我看得出來，提問的對方其實沒有聽進回答。這是習慣，是社會慣例，可以藉此順利地進入談話的實質內容，要是沒有這句短暫匆忙的「招呼語」，一開始就進入正題會相當奇怪。

如果一開始談話就不太專心，繼續討論下去，也很難聊得熱絡。請等你真心想繼續談話時再開始。

‖ 練習的機會

在我們更深入探究用心傾聽以前,先從「你好嗎?」這個問句開始吧。

花一天的時間刻意向人們提出這個開場提問,反正你本來也會這樣做⋯⋯請使用下方清單,注意你平常採用的方法,然後下一個階段就是當個傾聽者。

1. 確認自己的情況⋯⋯你現在要集中注意力了嗎?要留意了嗎?要傾聽了嗎?

2. 決定專注當下。

3. 提出問題。

4. 注意對方的回答,他們是怎麼說的——密切注意對方遣詞用字的整個脈絡、語調、肢體語言、表情、活力。

5. 如果你得到「很好,謝謝」的標準答案,請稍微深入追問⋯⋯看你能不能發現對方口中「很好」的真正含意。試試這樣問:「最低一分,最高十分,你說的很好是幾分?」

6. 說出你觀察到的現象,例如:「我發現你今天早上的步伐很輕快!」或「你今天走路的速度比平常慢一點⋯⋯是在認真想事情嗎?」

做出這類細微的觀察,表示你想留意對方的情況。「被看見」和「被傾聽」可能同樣重要。在最短暫的交流片刻中,你表現出自己可以並用心準備好傾聽對方。

哈佛商學院副教授艾莉森・伍德・布魯克斯(Alison Wood Brooks)[8],把平日問候時的對話進展稱為使用「後續問題」。她說,這些後續問題具有「特殊力量」。使用後續問題追問對方,對方就會全心投入並覺得受到重視,而誰不希望這種情況出現在自己公司呢?

注意自己對這樣的定調有何感受,思考自己會以何種方式更廣泛地應用。你覺得自己在問候別人時,能花多少時間比例提出這類後續問題?

‖ 我們為何傾聽

社會學家查爾斯‧戴伯（Charles Derber）[9]在他的研究中發現，談話時，人們也許希望自己的回應能支持對方，或者比較有可能發生的，是設法把談話重點拉回自己身上。戴伯把這種現象稱為「談話自戀症」，他的論文詳述了現代談話是如何愈趨自利。

你也許會認得下方的談話開場白範例，要麼是因為你使用過這種手法，要麼是你跟別人聊天時經歷過這種情況。

表示支持

同事：我現在有好多工作要做，不曉得該怎麼應對。

經理：聽起來很難，最大的難關是什麼？

若你的工作職責是在職場上負責輔導他人，或以某種方式支持他人發展，這類談話回應會特別有幫助。我們要在談話時支持對方，展現支持的技藝一定

要達到精熟的境界。尤其是深入討論心理健康相關議題的談話,以及實踐多元化與包容承諾時,這一點更為重要。

重點在於為對方營造空間,讓他們探索及表達自身感受。你要把談話重心放在對方身上,而不是自己身上。

把談話主題切換回自己身上

同事:我現在有好多工作要做,不曉得該怎麼應對。

經理:呃……我知道。你應該要看看,今天早上堆在我桌上的工作文件。

經理更想利用這段對話,來傾訴他的個人壓力,根本沒認知到同事說的話,反而把談話主題直接拉回到自己身上。然而,這類回應不見得都是負面的。幫助打造談話中的同理心是很寶貴的,只要你的注意力和用意,是基於把談話拉回到表達議題的那個人身上。例如,經理也許會繼續說:

同事：我現在有好多工作要做，不曉得該怎麼應對。

經理：呃……我知道。你應該要看看，今天早上堆在我桌上的工作文件。把事情聊開，會不會幫到你？

可能因此展開一場對雙方都有幫助的談話。只要謹守平衡，並且彼此用心傾聽，那麼或許正是需要把事情聊開，才能應對各自的處境。可惜，更可能的情況是，這位經理仍然專注於自己的待辦事項，然後轉身開始他的一天。

這種簡單的方法可以用來檢視我們在談話時的大致表現，尤其有助於檢討我們互動的情況。就算用意良善，我們在回答別人時還是會切換主題。

解決問題

同事：我現在有好多工作要做，不曉得該怎麼應對。

經理：好的，嗯，首先你需要應對主要客戶，然後今天下午你應該在 Slack 上面跟團隊開會，而且必須在情況失控前，讓團隊知道你沒辦法處理的部分。

身為領導者的你可能覺得，你的責任就是營造優良環境，藉此幫助團隊或組織獲得成功。你的用意也許是支援他人……不過，就上述同事和經理的情況，經理為了解決問題而做出的回應，反而剝奪同事的自主權。這可能會導致他們的壓力增加，讓他們覺得經理認為自己沒有能力勝任工作，最後可能感到提心吊膽。

長期下來，如果同事持續承受高度壓力，可能會覺得自己更難以傾聽他人。瑞典卡羅林斯卡學院（Karolinska Institutet）[10] 發現，壓力誘發的高濃度皮質醇與聽力問題（例如耳鳴）具有關聯。雖然這個結果看似極端，但是當我們感到壓力大時，其實就很容易分心。當身體對抗提心吊膽的感覺，我們可能會體驗到相互矛盾的想法與生理反應，使我們更難專注傾聽。

沒有被真正傾聽，或覺得自己沒被人聽見，都有可能帶來壓力，觸發挫折感、被削弱和被拒絕等諸如此類的情緒。這就是流於表面「假裝傾聽」的風險，利用點頭、發出認同聲和模仿對方的肢體語言，來假裝聆聽，但缺乏保持好奇心、展現同理心，以及建立真正融洽的關係。如果不是真心誠意，人們通常都會知道，我們嗅得出虛假的態度，情況會因此變得更差，不會變得更好。

處理時，我們必須扮演好自己的角色，練習更好的傾聽方式。也就是說，努力改進回應時的支持態度，不要把談話切換回自己的迫切議題，也不要急著解決別人的迫切議題。

儘管如此，對話脈絡在我們的談話中相當重要，而你會知道脈絡在會議或一對一的討論中，以及在私人關係中有著什麼樣的貢獻。

如果談話中的兩人爭相傾聽，就算不上是真正的對話！不過，正如我媽會說的話，那樣是「高級煩惱」。這種事通常不會發生。大部分時候，無論我們如何參與對話，都會設法獲得傾聽與認知，往往在我

們提出自己的論點時,就會有「現在輪到你、接下來換我」的交流,在對方說話時耐心等待,然後把主題拉回自己身上。

花一點時間,深思自己在傾聽上的本能反應,但同時思考這些狀態可能適用的情境。或許你對自己的傾聽方式有大致的認識,不過還是要觀察你的傾聽方法,會不會隨著團體或個人的不同而有所改變。你對每個人都一樣嗎?還是要看情況而定?是什麼造成莫大的差異?

這樣一來,也許你因此能在深思時,對自己的人際關係進行分類:

1. **日常互動**:這類互動或許是跟不太需要培養私人或專業關係的對象的偶然談話。可能是店家的櫃台人員,或者來住家或公司協助的技術人員,也許是在特定活動上交流過一次的人,或是你在職場上認識的同事,只是通常不會一起工作。

2. **你的團隊或職場同事**:這類談話經常出現,談

話對象是你合作、影響、交手的人員。對你來說，他們非常重要，但你可能不太知道他們的私人生活，只是專心從事每天的交易和任務，把工作做完，而不是與他們進行更親密或更私人的談話。

3. **社交關係**：這些人是朋友、是鄰居，也就是說，你跟他們有更長遠、更深刻的關係。未必經常碰面，但是他們獲得你的重視，你會選擇跟他們相處。

4. **你的核心圈**：你跟同住的另一半、好友和（或）家人之間，所擁有的最直接的人際關係。他們是你最常互動的一群人，也是你最重要的人際關係。

請你深思自己如何傾聽不同的群體，並詢問幾位信任的同事、朋友或家人，他們從你這位傾聽者身上感受到什麼。這需要勇氣，不只你要鼓起勇氣，他們也要鼓起勇氣。他們可能很難跟你說實話，但他們的回答或許會引發優質談話，你只要傾聽就好了！

‖ 你的傾聽方法是什麼？

使用文字和數字，為自己評分。不要想太多，你的直覺評估會確保你不做任何辯解，免得找藉口不採取行動。

特別提醒：為自己評分時，可以使用「有時」，也可以使用五至七分的分數。沒關係，這樣的反思還是很寶貴。你覺得「有時」夠好嗎？

表示支持

從不		很少		有時		經常		總是	
1	2	3	4	5	6	7	8	9	10

把談話主題切換回自己身上

從不		很少		有時		經常		總是	
1	2	3	4	5	6	7	8	9	10

解決問題

從不		很少		有時		經常		總是	
1	2	3	4	5	6	7	8	9	10

十大用心傾聽步驟

在理想環境下,我們都能在談話中毫不費力地探詢,真心誠意地開放胸襟並接納彼此;遇到困難時,充分理解我們扮演的角色並承擔責任。不過,正如人生中的所有事物,有些日子一切順利;有些日子無論多麼努力,一切仍是亂糟糟。溝通也是同樣的道理,有時溝通順暢、清楚、通順;有時跌跌撞撞,找不到自己設法傳達給對方的話語本質。

身為傾聽者,達不到融洽關係的那些日子,我們可能誤解對方,或者我們拚命想要結束談話,因為解決方案看起來那麼顯而易見。我要再說一遍……過程也許簡單,但是絕對不容易。

我不想把下列十個步驟當成用心傾聽的固定途徑,不希望每次談話都變成重點清單,以至於勾選每個要點並且說出:「我做到了!我傾聽的表現很出色。」這種情況永遠不會發生。當然,最優質的談話是來自神奇又包容的空間,在那裡,話語的流動都是秉持互敬精神。在此,由衷期望你會擁有愈來愈多這樣的談話。

在感覺寸步難行的日子裡，這十個步驟可以當你的好幫手。如果某件事進展不利，請想一下，你錯過了哪些機會，或你認為什麼最困難。當你覺得傾聽困難時（以及無論何時），這十個步驟會幫助開啟對話的動力，協助你度過難關。

　　多年來，我一直熱衷於熱瑜伽。我討厭熱瑜伽，它讓人感到不適，讓心理及身體遭受考驗，並且耗時。我之所以堅持熱瑜伽，是因為做完後感覺很好，我認為它結合其他運動會有益健康。我最初的一位老師會反覆說一句話，來督促全體學員：「如果做得到，就一定要做到……。」每當她說出這句話，我就很氣她，但我還是給出回應。這句話讓我意識到自己能夠再往前一些、再多做一些，挑戰自我，看看我在運動時能達到什麼程度。要是沒有這股推力，我可能會逃避，只做自己平常做的，不會更多。我常常想到她，她說的這句話一而再、再而三出現在我腦海裡。這句話難以忽略，所以現在我把這句話送給你，讓你開始用心傾聽時能夠運用。

　　「如果做得到，就一定要做到……。」

步驟一：重新訓練評斷力

評斷他人是人性使然，這演化的本能是用來釐清對方是不是我們能夠信任的人，或者是否具備做出成功貢獻的能力。換句話說，我們使用刻板印象內容模型（Stereotype Content Model，Fiske et al. 2002）[11]量表，評斷對方的親和力與能力，但過於關注量表來找出對方的評估位置，可能導致我們的評斷妨礙到用心傾聽。

身為英國撒瑪利亞會的傾聽志工，訓練期間我必須努力熟練「不評斷他人」的原則，藉此做到用心傾聽。結果發現我會很快產生見解，而這些見解會左右我在談話期間的態度。我發現這是自己跟很多人都有的情況，而認清這點後，並不是太開心。

撒瑪利亞會志工的談話對象中，有很多人是基於某種理由踏上了不忍卒睹的人生道路，但傾聽志工的角色就是在傾聽時展現同理心。如果我們不贊同來電者的人生選擇，判定來電者不值得我們理解，那麼無論我們聽到什麼，都很難發揮同理心。我們不該妄下評斷。

在某些組織中,需要完成的工作繁多,聊天的時間與機會都很有限,所以下評斷看來像是一條完成事情的捷徑。

有些同事看起來很難相處,而且正如前文所述,我們如果跟對方熟識,就很容易預測對方會有的回應。我們可能會說某些顧客要求很高,認為某些資深的利害關係人「不懂」,覺得團隊裡的某些成員「不適任」。

因為我們處理自以為聽到的內容的速度,大約是說話速度的四倍,所以總是有時間對他人形成觀點或意見,進而做出判斷。

如果你要努力改進自己的傾聽情況,讓公司人員知道你是專注當下、細心體貼又支持他人的傾聽型領導者,就要放下評斷的心態。請注意自己的感受和自身情況,並擔負責任,接著就可以專心練習步驟二。

步驟二：保持好奇心，不抱持定見

有些人天生就充滿好奇心，讀到這裡可能心想：「沒問題……我可以馬上劃掉這項。」其他人都知道，要保持好奇心，就得看對方有不有趣、討論什麼話題或其他因素，比如所處的情境、有多少時間、話題對你有沒有意義等。

然而，步驟二沒有商量的餘地，是必須執行的任務，是一塊需要鍛鍊的肌肉，是時時刻刻、堅定承諾要成為探詢者。步驟二不是「記得吃青菜」的義務，而是培養好奇心，可以幫助你輕鬆傾聽。你會對自己聽到的事情產生興趣，愈來愈多的問題會突然浮現在你的腦海裡，談話會變得流暢。

大約十年前，我獲邀跟某個礦業組織的一群領導者共同合作，他們是聰明又有魅力的人物，我很高興有機會幫助他們溝通，同時還能了解我不熟悉的產業。他們是國際團隊，其中一人曾經在中東地區任職，他已習慣在階級制的環境下工作，指揮團隊時相當自在，把他那莫大的存在感，當成頗具影響力的手

段，用以建立權威。他傾聽別人的聲音，是為了解決問題。

我開始一點一點地嘗試打破這種根深蒂固的習慣，我為他設立一道難關。我告訴他，接下來我要講一個跟決策有關的故事。於是，分享了兩年前我個人經歷的困境，在他聆聽的過程中，我請他根據我對困境的描述，推測我當時的決策是什麼。我講完故事，便問他：「你覺得我做了什麼決定？」他望向我，站起身子（他相當高），然後說：「你應該做的事情是⋯⋯。」接著開始指導我該用什麼方式解決問題。

我告訴你這個故事，並不是要批評他，他有很多才能，但他學到的是其人生角色就是解決問題，並且指導他人解決問題、釐清情況。他發現用其他傾聽方法十分困難。

他勤勉練習，是為了培養好奇心，而不是確定感。學習跟同事談話，引發討論的深度及探究各種觀點。對他而言是一大挑戰，但是他必須做到這些任務，這樣一來，即使他面對的文化跟過去習慣的文化截然不同，還是能獲得成功。

美國哥倫比亞大學（Colombia University）已研究「衝突下的好奇心」概念多年。社會心理學者彼得‧柯曼（Peter Coleman）[12]創辦「困難談話實驗室」（Difficult Conversations Laboratory），研究大眾在經歷衝突時做出的回應。研究過程的一部分是鼓勵大家更深入探索對方的觀點。柯曼建議，如果某個爭端是以複雜且多層次的問題呈現，那麼談話會變得更豐富，最終也會更成功。就算涉及的相關人員永遠無法達成共識，但彼此的理解程度永遠大過於簡單的二元對立爭論。[13]

關鍵差別在於好奇心。如果我們提出問題是為了建立更詳細的畫面，為了增進情境理解，以及調查人們可能經歷的各種情緒，不只是我們要善於傾聽，對方也要覺得自己被傾聽、被理解。這是有效溝通的終極目標……但我們離那裡還有一段距離要走。

▍步驟三：提出有意思的問題

我想用不同方式表達「開放式問題」這個常見詞彙，有兩個原因：一，因為我們很習慣聽見這個說法，它的意義變得模糊；二，我認為它無法清楚傳達正確的態度或語調。因此，我選擇使用「有意思的問題」這個說法，是希望強調好奇心在談話中的重要性。

某次，我跟公司內部培訓師小組合作，在意見回饋時間，某位參與者用開放式問題，向另一位參與者提問：「你到底哪裡不懂？」這也許算是開放式問題，但其中含意顯而易見。團體裡信任和支援的氣氛立刻改變，暫時變得防衛又尷尬。這樣的表達方式過於笨拙，造成談話戛然而止，與原本的用意恰好相反。這類經驗突顯了我們務必為團體談話做好規畫，並且準備關鍵提問的措辭，確保問題帶來幫助。有些問題是你明知道一定會問的，所以請仔細思考要怎麼讓那些問題在傾聽者面前發揮作用，不會因為語氣不當而適得其反。

在技能養成或訓練課程中,會強調開放式問題的重要,這背後有著充分的理由⋯⋯但缺乏機會真正掌握實際表達和框架問題的方法,進而引發混亂。這是一個時機問題,因為我們需要時間思考自己該問什麼、該怎麼表達,而不是還沒考量缺點就貿然提問。

表達欠佳的開放式問題,就不是有意思的問題,這類問題會讓討論事項回到提問者身上。下列一些不嚴謹的例子是我最近聽過的談話:

- 「假如你打電話給客戶,試著說服他們改變心意,會是什麼情況?」
- 「我給你看的模式,你怎麼沒用?」
- 「我們應該在哪裡開會呢?我通常比較喜歡出去開會。」
- 「那什麼時候會準備好?⋯⋯星期二嗎?」
- 「你認為誰比較適合負責下個月的推銷?是我還是妮可?」
- 「情況怎麼樣?我的意思是,聽說有點辛苦,

所以有一些擔心時機。你覺得我們應不應該延期呢？」

上述問句可以說是為了提出開放式問題，但沒有一個問題稱得上是有意思的問題，這些問題都跟提問者有關，回覆的機會很有限。傾聽者會知道，那樣的探詢跟傾聽者沒關係，也對傾聽者無益。

你得到的回答端賴於你提出的問題。

——湯瑪斯・孔恩（Thomas S. Kuhn）

以下是前述問題的回答：

開放但毫無助益	有意思
「假如你打電話給客戶，試著說服他們改變心意，會是什麼情況？」	「你認為要取得進展，最好的方法是什麼？」
「我給你看的模式，你怎麼沒用？」	「請跟我說一下你使用的模式。」

「我們應該在哪裡開會?我通常比較喜歡出去開會。」	「你想在哪裡開會?」
「那什麼時候會準備好?……星期二嗎?」	「你認為什麼時候會準備好?」
「你認為下個月的推銷誰比較適合?是我還是妮可?」	「你會建議誰來負責下個月的推銷?」
「情況怎麼樣?我的意思是,聽說有點辛苦,所以有點擔心時機。你覺得我們應不應該延期?」	「情況怎麼樣?」

「為什麼」的問題很棘手,通常帶著質疑的態度或情緒化的意味,很容易出現「評斷」的姿態!如果你使用「為什麼」的問題是出自由衷的好奇心,那就用吧……否則的話,請謹慎使用!

在連貫的談話中,這類問題會引發進一步的探討,直到做出結論。而且有一點很有意思,運用這類問題,提問者就能輕易地試圖影響傾聽者,讓提問者

關切的事情獲得解答。重點不在於表現出感興趣的樣子，也不在於洞察對方的情況。這類問題是自利的表現，在談話交流中只有提問者一方獲利。

務必認清，技能高超的提問不只是提出含有「什麼人、什麼事、何時、何地、為何或如何」這類字眼的問題。教育人士與哲學家彼得・沃利（Peter Worley）[14]，把開放式問題與封閉式問題分類成語法型和概念型。開會時，你也許會問同事：「我們的策略正確嗎？」這是封閉式問題，卻屬於概念型，在展開討論時，會引發人們針對各種問題來探討想法。

直接的封閉式問題會觸發強大的回應，對話一開始就可能活力十足。你或許會問：「你是否清楚知道自己想從這場談話中獲得什麼？」答案肯定是「是」、「我覺得應該是」、「不太清楚」或「不是」這類說法。無論答案是什麼，這全都有所幫助，因為接下來的問題可以是意向的表現——你會想找出答案背後的原因。

現在來定義「有意思的問題」選項：

問題類型	幫助提問者	幫助對方
探詢型		✕
限縮型	✕	✕
追問型	✕	✕
引導型	✕	
多重型	✕	
既定觀點型	✕	
回想型	✕	✕
反問型	✕	✕

你可以在網站（www.listeningshift.com）「傾聽資源」的資料中，聽到這些問題的實際範例。

稍微深入一點

人們被問到有意思的問題都會很開心，畢竟那表示提問者很好奇，而我們有機會分享自己的觀點、訴說自己的經驗、提出自己的意見。如果你希望談話更有深度、更豐富，請使用縮寫字 TED。

T：「跟我說……」（Tell me…）。

E：「解釋……」（Explain…）。

D：「說明……」（Describe…）。

這類開場白是讓他人傾吐心聲的絕佳機會。如果你覺得社交情境很難應對，陷入了談話困境，某個人或某個群體是你從沒見過的，你必須展開談話並建立融洽的關係，此時上述的開場白特別實用。提出很多問題會有壓力，讓人有所顧忌，但 TED 的方法鼓勵別人長時間開口說話。然後，你會有很棒的素材可以幫助你提出後續問題。

步驟四：審慎插話

在我們開始前，先說明注意事項。2018 年，史丹佛大學語言學博士候選人凱瑟琳・希爾頓（Katherine Hilton）[15] 研究自然談話期間的插話情況，結果發現有兩個獨特的群體，對插話抱持相反的觀點。第一個群體，她稱之為「高強度」群體，他們的談話很活躍，也很容易同時說話，對沉默比較不自在；第二個群體，她稱為「低強度」群體，對他們來說，兩個人同時說話

顯得失禮。接著,她強調插話有性別差異。這很複雜,而且投入的規則各有不同,一部分是文化所致,一部分是背景脈絡所致,還有一部分是關係親近度導致。

在英國,建築師暨 VoicePrint™ [16] 創辦人艾倫・羅伯森(Alan Robertson)正面描述質疑的聲音,認為插話是為了改進現況的品質,可以重新聚焦談話。

要讓會議往前邁進,質疑的聲音也許不可或缺,所以情境會產生很大的影響。但不要因此放鬆,覺得打斷別人在你的世界裡並不重要。如果你一定要插話,插話方式就是很重要的知識。

北英屬哥倫比亞大學(University of Northern British Columbia)心理學教授李涵(Han Li,音譯)在研究插話的文化差異時,使用下列定義。[17] 請想想自己可能會用什麼方式打斷別人:

合作型插話
- 贊同:展現熱忱並支持說話者的想法。
- 協助:說話者忘記某個詞彙,或忘了等一下

要說什麼。

- 澄清：確認理解程度。

干擾型插話

- 不贊同：立刻表達不同的觀點。
- 開始發言：主導談話，但會繼續談論同一個話題。
- 改變話題：插話是為了改變話題。
- 摘述：十分簡短地重新敘述說話者的論點。

合作型插話很適合「傾聽他人，表示支持」的概念，干擾型插話比較會搶走說話者的談話主導權，藉以滿足另一個人要討論或加以解決的事情。

在開會及談話時，你可能比較喜歡高強度投入，把高強度投入看成是大家專心開會的跡象。不過，請注意你的同事如何插話，是為了鼓勵還是揭露？

我跟某家備受關注又大獲成功的英國公司合作了

很多次。員工們都活力十足、專心致志、表現出色，他們的簡報時間是由插話推動，插話已經成了公司內部的普遍作風。可惜，那些插話大部分都是屬於干擾型。簡報者講述想法，才剛開始說到自己最初的發現，某人——通常是資深的利害關係人——就會突然插嘴，表示不贊同，提出離題的問題或「開始發言」，說出自己對簡報內容的看法。如果你不喜歡做簡報、比與會者資淺或準備時間不足，那麼這個不愉快的經驗會導致你對於簡報感到緊張，以及心生挫折，也許最糟糕的就是冷漠以對。要是你無法把第一張投影片講完，無法嚴謹地深入剖析，甚至沒有機會描繪全貌，那麼精心構思論點、充滿熱情地準備簡報，又有什麼意義可言？

可惜，干擾型插話也是防禦型談話的特點，或者是需要解決衝突的地方。我們沒有傾聽雙方說法，而是急於打斷對方，捍衛自己的觀點，並對指控提出反駁，質疑有關「我們做錯了」的建言。在這樣的交流下，情緒可能隨之高漲，而這些正是我們最需要投入下一個步驟的要點。

▍步驟五：認知、鼓勵、感謝

在我人生中的各個領域，無論是職場還是私人生活，我注意到只有在雙方都認可且心懷感激的情況下，談話才能發揮最大作用。這種絕佳方法可以建立善意，還能讓他人感受到自己被看見、被傾聽。與那些讓我們感覺自己受到喜愛、認可我們的價值，並願意建立密切融洽關係的人們談話，會更加輕鬆。這種「輕鬆感」是為了弭平差異、相互合作，並以長遠的眼光來看待關係，關係的發展可能不容易，但是終究會更有價值。

身為演員，我很早就學到，劇終必須是全心專注當下的謝幕。觀眾鼓掌，有時歡呼，有時起立表達感謝；演員鞠躬答謝觀眾，往往還會鼓掌感謝觀眾的熱情和關注。

身為教練，我會刻意鼓勵並感謝客戶自行跨出舒適圈，探索各種可能性。如果我的角色是要讓大家相信新的溝通方式，那麼我明明看見新行為與新技能獲得採納並實踐，怎能不就此提出具體的觀察心得？如

果我在這方面做得很好,我知道下次當我鼓勵他們時,他們就會更往前躍出一大步。

撒瑪利亞會鼓勵我們感謝來電者邁出聯繫的這一步,並願意訴說重要的個人經驗。通話期間,我們會鼓勵來電者,如果覺得聊天有幫助的話,就繼續聊下去,藉此安慰對方。這樣的鼓勵具有莫大成效,這種方式表現出我們想要傾聽、專注當下、關心他人。對方就算處於痛苦之中,不知怎的,還是能夠聽到我們的鼓勵,並且往前邁進。用正確的語調說出鼓勵的話語,會激發莫大潛力,而意識到這件事,就能發揮強大的力量。

在開會及談話時,你能不能找到方法去認可別人的貢獻?你若是知道這件事很容易做到,一定會很高興。多年來,我觀察成功的領導者都會察覺到這一點,那就是他們會充滿自信地公開說出簡短的話語,認可他人的參與和貢獻,例如:「我認為那樣很正確。」「你提的看法很不錯。」「謝謝你為大家強調這一點。」

我樂於看到一家大型國際公司的行銷副總，透過尊重在場同業分享的專業知識，巧妙地在辯論中得到他想要的東西。他會說這樣的話：「當然，你對這件事非常熟悉，也做得十分出色……我知道你在這個領域的專業度遠勝於我，不過我在想，我們可不可以考慮看看……」然後，他會提出自己的想法或計畫。這種做法通常會很成功，對方會覺得自己被注意到、很重要、被感謝。他懂得提高同事的地位感，讓他們覺得自己很重要，消除對話情境裡的威脅。

地位在這裡扮演重要的角色，可以幫助他人感到受重視，這種感覺會強化我們跟別人來往的心理安全感，減少任何可能的威脅感，提高我們的回報感受。在這些重要元素的幫助下，人們在職場上會覺得受到重視並獲得認可，而且這些做法容易實行。

‖ 步驟六：沉默的聲音

我很想在這個部分大量留白……留下一堆空白頁面來表現空間，可是這樣做的話，我會覺得很不自

在。好比跟另一個人坐在一起,兩人之間沒有聲音交流時,那種令人不自在的沉默。也許正如俗話,沉默是金,而你在某個漂亮的地方,確實可能度過一些幸福的靜謐時光,但這不適合用來描述對坐的兩人展開痛苦或艱辛的談話,那沉重的壓迫感。沉默往往充滿意義與情緒,直指「傾聽之所以困難」的核心。我們可能會害怕自己即將聽到的話語,害怕聽到以後可能會出現的感受。在沉默中,我們等待著即將到來的情況,體驗到內心的情緒湧現,渴望著抑制情緒並弭平差距,而這些都會讓人難以招架。

不過,一旦你習慣沉默,就會開始體會到傾聽者的莫大價值。你開始放鬆,不用推動談話,反而可以等待對方提出看法,只要等待就行……對方會說出某件事,也許是你沒料到的事。和另一個人一起沉默坐著,具有神奇的力量。

獨自靜思能夠帶來轉變,但也可能引發反芻思考。所謂的反芻思考,就是一遍又一遍地回想同一情境,漸漸忽略事實或者重新創造事實,以符合自己提出的說法。當我們準備好時,會跟對方一起描繪主

題,並找出方法大聲傳達我們的想法。接著,我們會獲得反應、理解,並有機會把我們的思維帶往更深一層——當然,這一切發生的前提是傾聽者做好傾聽的工作。

該怎麼練習沉默?試試以下步驟:

1. 注意他人與你對話時,是如何慷慨地給予你空間與沉默,讓你思考。如果有人打斷你的思緒,藉此給出建議、提問來轉移話題,或把談話拉回到他們自己身上,你的感受如何?

2. 對你信任的人坦白,你要嘗試改進自己對沉默的運用情況。一開始這可能會讓你笑出來,但沒關係,就當成是額外的好處吧。

   在談話中安排五分鐘的任務——你可以選擇話題,也許是問對方這一個星期過得怎麼樣,或其他輕鬆的話題,這樣你可以專心投入任務,不會擔心話題內容。讓對方開口講話,等他們自然講完為止,不要插話。

   回應前,先默數五秒。追問時,請提出你感到

好奇、想聽到答案的問題,讓對方再度開口說話。反覆運用默數五秒的方法,直到談話有了結論為止。

3. 請你信任的職場同事跟你一起散步,請對方談論心裡在想什麼,跟對方說,你會傾聽,不插話,不提問,不評論。跟對方說,有八分鐘的時間可以訴說處境和想法。我知道八分鐘的時間很久⋯⋯對方應該會花幾分鐘訴說內心的想法,然後沒話可講。此時沉默就會到來⋯⋯。等待,在沉默的氣氛下並肩而行。不用提醒,大約三十秒後,對方會再次說話,而在接下來的說話時間,對方揭露的見解或訴說的內容,會比第一輪更為深刻。在第一輪,對方只是在確立背景脈絡。繼續這樣的過程,等到八分鐘的時間結束。然後,花兩分鐘,深思自己聽到的內容——在步驟八和步驟十會進一步探討。

4. 你刻意運用沉默時,會開始廣泛察覺到自己的談話情況。要創造專注當下的狀態並養成莊重態度,沉默是關鍵要素——懂得運用沉默,會有明顯的益處。不過,主要益處還是在於你的

傾聽。不懂得沉默，就無法成為優秀的傾聽者。此外，你還會有空間思考後續幾個步驟。

‖ 步驟七：反應

美國演員暨邁斯納技巧（Meisner Technique）[18]創辦人史丹佛・邁斯納（Sanford Meisner）把演戲定義為反應。這個簡單原則描述了全神貫注、專注當下的重要性，唯有全神貫注、專注當下，我們才能對自己感受到的任何刺激做出回應。

要讓對方感受到被你傾聽，關鍵就是對你聽到的話語做出反應。沒有人會想要體驗這樣的感受——鼓起足夠的勇氣表達觀點，或訴說心中重要的人事物時，卻被忽略或不被理會。邁斯納的指導十分寶貴，因為如果你專注當下，全神貫注在說話者的話語上時，自然會產生回應的衝動，而你應該表達出來。

想像下列情境：

同事：夠了，我受不了這些事了。我在會議上花了兩小時簡報，沒有人在任何一件事達成意見一致，也沒人在聽——在場的人有一半在滑手機，另外一半就只是在吵著誰帶頭。我們連誰要做什麼都不知道，更慘的是，我剛才收到訊息說，我的車需要被召回，而我沒有時間開車去修理廠。我起碼要在這裡待到晚上七點，然後明天早上第一件事就是要去愛丁堡辦公室，我連打包的時間都沒有。

經理：喔，沒事的，他們想怎樣就怎樣吧。我要是你的話，就不會介入。我不知道你明天要去愛丁堡！也許你可以幫我們的社群媒體團隊拍一些城堡的季節相片？

同事一整天都過得很糟，經歷一些小挫折。經理試著提供幫助，卻沒在傾聽。經理不想談開會的事，對於汽車問題也毫無興趣，同事提到愛丁堡，經理還想著自己要講的事情。

上述互動是我們大家都有的日常經驗⋯⋯也完全呈現了用意良善卻令人不悅的傾聽例子。

經理若要展現良好的傾聽，就必須做出反應。

以下兩種用語很適合用來反應聽到的內容。這兩種用語都能有效表現出你的反應，而不會過度預設對方的意思：

1.「聽起來……」：例如，聽起來你早上很慘。

2.「好像……」：例如，好像有很多事要處理。

不過，最重要的是專注於此時此刻，像個人那樣回應，還要表現關懷與理解——表現你已察覺並且在乎，不要像那位經理趁機把談話主題切換回自己身上。

步驟八：重述你聽到的話

反映法就是重述說話者的用字或用語。這種做法絕對有助傾聽步入正軌，因為你比較會去關注聽到的用字，但我要坦承，一開始發現這是傾聽步驟時，我感到尷尬不已，覺得這種做法有點機械化又拙劣，以為這樣做會讓我聽起來像是機器人。不過，這種做法

很有用,可以帶來轉變。有時,你重述說話者剛才說的某件事,對方會驚呼:「對!沒錯!」對方一副不曉得那些話是從他們自己嘴裡講出來的樣子,那是神奇的一刻,你們的談話會變成輪流傾聽。

這個步驟在情緒高漲時格外實用——棘手的客訴、團隊成員間的衝突議題、在取得進展的最佳方式上出現意見分歧時,都會受益於反映法的刻意應用。

經理原本可以這樣複述:「聽起來你受不了這些事了。」這種說法是直接反映同事說的第一句話。經理必須深入剖析這句語,這是重大聲明,有可能表示同事正想著離職。如果在職場關係分析中,「不被傾聽」扮演了一小部分的角色,那麼運用傾聽手法反映對方的想法,就可以用來證明你專注當下,並準備好投入更深層的談話。

試試看吧,你會大吃一驚!

步驟九:確認你的理解程度

換句話說,就是釐清聽到的話語。請確認你已準確理解他人說的內容。你可以使用合作型插話進行釐清,因為你一定要理解確切的風險是什麼。

如果無法確認理解程度,會有兩大風險,一是傾聽者面臨的風險,二是說話者面臨的風險:

1. 傾聽時,我們太容易掉進設想的陷阱裡。人們使用干擾型插話,或者試著把談話主題切換回自己要討論的事項上,這時就特別容易掉進設想的陷阱裡。

   試著使用這些銜接用語確認你的理解程度:
   ・「我來確認我有沒有搞懂……」
   ・「我能不能釐清幾項重點……?」
   ・「為了我好,我們能不能再次討論……?」
   ・「這裡要打斷你一下,我能不能確認……?」
   ・「我們暫停一下,仔細查看幾個細節,確定我們理解的是同一個意思……」

2. 說話時，人們都會理所當然地認為傾聽者會全神貫注在我們身上，其實大家都知道，頂多就是時而專心、時而分心。

致力於經常釐清小段內容，這種做法有助於在談話中保持專注。你會留神傾聽，確認有沒有跡象與記號需要進一步調查，同時是在替每個人節省時間。

如果你是說話者，請讓傾聽者有機會先確認他們完全理解，然後你再繼續講下去，或者結束會議或談話。只要有任何要點、反應或想法，能幫助你知道大家都明瞭，那就請他們在你面前重述。主導過程時，要確保這種做法聽起來不會像在考對方。應該減少質疑意味，請跟大家說，你也許說得太過複雜、說得太多、講述太多要點，請大家從自己的觀點發表看法，這樣就能確保是否做到清楚的溝通。

除非你很確定共處一室的大家都擁有足夠的信任，可以表達疑慮或不確定的地方，否則千萬不要直接問：「那麼大家都清楚了嗎？」我們把習慣的「確認」用語用在他人——尤其是團體——身上，就會覺

得自己好像已經完成「確定大家都理解」的工作。問題是傾聽者如果沒在聽，可能不會跟你說。如果聽了卻不理解，可能不會想告訴在場其他人或電話上的人。如果他們只花一半心思聆聽，並且似懂非懂的話，錯誤很可能會發生。

對於相關人士來說，設法確認理解程度，是很值得投入心力的事情。

步驟十：摘述

最後一個步驟是練習摘述你聽到的內容。然而，最後一個步驟不見得表示要等到最後才應用。

身為撒瑪利亞會的志工，我察覺到人們訴說自己的故事要花上一會兒，故事中有很多元素和角色，通常會講一大段時間。要耐心等到故事講完，就我的傾聽技能來說很為難，而來電者要講很久又不確定能不能被理解，也會覺得壓力很大。而經常摘述一小段內容，正是解決方法。

在開會及談話時，請以章節為單位進行思考，將有所幫助。我們會在 Part 2 繼續思考架構，但在傾聽部分，理解的練習涵蓋了下列四件事：

1. 它幫助說話者確信他們被聽見了。

2. 減輕傾聽者要理解說話者說的每件事而產生的壓力。

3. 減少寫筆記的需求，保有說話者與傾聽者之間的關係連結和關注重點。

4. 可讓傾聽者注意到故事的特定部分，形成理解深度，不會想著要從哪裡開始。

身為傾聽者的你只要懂得運用摘述技巧，也能用自己的話表達你所聽到的內容。懂得摘述，就表示你不僅傾聽也能理解。

如今，你的談話富含傾聽，你真的進步良多！

傾聽者：驗屍官

我向資深驗屍官喬安・齊爾斯利（Joanne Kearsley）提問，對於她的工作，傾聽有多重要？她表示，驗屍官必須傾聽他人才能完成工作，不僅法庭上要傾聽，在驗屍官辦公室也要傾聽員工與同事的聲音。

喬安的職業生涯是從律師做起，所以她習慣先閱讀證據並理解，然後在法庭上聆聽呈報的證據。有了這類書面文件，她得以決定要求誰提出證據，也得以密切注意及深入理解大局與細節，然後再跟相關證人會談。她說，此時她必須仔細傾聽辦公室員工的聲音，員工會跟家屬聊過，還要提交並傾聽那些不忍卒睹的資訊。接著，員工會提供所有需要認可的重要事項，幫助她理解喪親者的情緒。

一旦進入法庭，喬安會聽取那些提交的證

據,這是傾聽的第二階段,在此之前,她已查閱檔案,並獲得初步理解。她說,傾聽個案是「把一片片拼圖放在正確的位置上」。有一點很重要,在這個時候,驗屍官必須暫時放下判斷,若由跟個案最親近的人來呈報,對於事情結果的期望與預期有可能截然不同。

喬安對我說,保持開放的胸襟非常重要,還要確認自身狀況。在她看來,人們必須足夠堅強,才能改變自己的理解,承認事情可能比一開始看起來還要複雜。她的信念是透過適度與公正的方式來提供幫助。

這個例子完美呈現出管理內在判斷力的重要性,要運用同理心來應對情境,傾聽對方說出的話,而不是我們希望對方會怎麼說。

驗屍官必須在高度情緒化、引人矚目的情境下,把最棘手、最痛苦的訊息告知他人,而那類訊息通常是悲慘的結果。喬安覺得,在驗屍官的溝通技能中,最關鍵的部分就是幫助他

人傾聽。她意識到，對於導致個案相關人士痛苦的一些細節，有關的專業人員很容易變得麻木。她的重點是大幅降低傾聽者受到驚嚇與損害的可能，同時確保傾聽者完全理解。

喬安發現，不是每個人都能理解她真正的用意，她已學習控制自己產生的影響。她說，每個人都不一樣，你不能老想著自己要怎麼做，重點要放在對方身上。

確立自己的用意

如果你喜歡勞勃・狄尼洛（Robert de Niro）、薇拉・戴維斯（Viola Davis）或蜜雪兒・威廉絲（Michelle Williams）這類演員演的電影，那麼你看到的演員所接受的訓練，是受到俄羅斯演技理論者——康斯坦丁・史坦尼斯拉夫斯基（Konstantin Stanislavski）[19]影響，世界各地的戲劇學校與演技學程都會傳授他的方法。

史坦尼斯拉夫斯基作品的原則之一，與角色意圖有關。他認為，在任何戲劇中，角色都想達到某個目標，到了戲劇尾聲，觀眾會見證他們如何努力達成目標，以及一路上遭遇的種種經歷。在方法過程中，這種至關重要的追求被稱為角色的最高目標。

在戲劇中，會有不同的演出與場景，兩者會讓角色擁有一個具體目標，這些目標會推動角色邁向最高目標。角色之間的每次互動都是在演出行動；這些行動會推動場景發展，幫助角色實現目標。這些行動不是單純的任務，而是帶有意圖的行動。這些行動會透露出台詞該怎麼說，包括聲音、肢體、演出台詞時的

能量。

我總會因此嚇一跳，就職場上展開的情境來說，這好眼熟啊⋯⋯身為執行長的你，最高目標也許是讓公司利潤增加幾個百分點。你會有一些目標是往這個方向邁進，並且需要他人支持。你進行的每場會議或談話涉及的行動，都會幫助你達成目標。這些行動就是你以何種方式投入其中，並且影響傾聽者⋯⋯也就是你表達想法的方式、你的信念、你的熱忱，以及你的沉著。

你會發現這種方法其實是在檢驗自己的影響力策略。我敢打賭，你一定不曉得勞勃・狄尼洛在準備奧斯卡獎獲獎角色時，也許有過同樣的想法！

這種方式對於思考會議和談話也很有幫助，它也許看來像是更細膩的規畫，卻會幫助你定下談話的基調，確保你專注當下並且表達清晰。

1. 你對會議或談話有什麼樣的最高目標？在理想的情境下，此刻你在公司或專案中試著達成什麼？

2. 你的目標是什麼？你希望這場特定的會議或談話，會發生什麼事或不發生什麼事？

3. 你的行動是什麼？要成功影響對方，你需要說什麼？該怎麼說？

行動是以主動動詞的形式呈現：「我〔主動動詞〕你」。行動代表了你對另一個人「做了」什麼，讓對方產生特定的感受或回應，例如：我擔心你；我鼓勵你；我勸戒你；我安撫你；我激勵你。

以下舉個例子：

- 最高目標：縮減產品優惠範圍，把暢銷商品列為優先，藉此簡化業務並增加獲利。

- 這場談話的目標：康納擁有安全感，艾莉亞贊同時間表。

- 對抗的目標：不要對我的決定產生防衛心。

- 行動（康納）：理解、支援、安慰。

- 行動（艾莉亞）：理解、投入、挑戰。

同樣的方法可以應用在規畫簡報時（尤其是為了重要面談或推銷而規畫的簡報），也可以成為你幫助他人傾聽的一部分過程。

- 最高目標：取得產品製作需要的投資。

- 目標：吸引他們注意並提問。

- 對抗的目標：不要跟他們閒聊或讓他們覺得無聊。不要過度解釋。

- 行動：激勵、感興趣、說服。

我已經數不清有多少次不得不詢問簡報者，他們傳達的訊息是好消息或壞消息，因為他們的意圖不夠明確。如果你使用的是講稿，就可以有任意數量的行動——一張一張、一行一行地解釋每個行動，這樣一來，傾聽者就會跟隨你的情緒脈絡並且持續專注。

談話中，最重要的是決定你所付出的心力、你的存在感——你替這場談話營造出什麼樣的氣氛或情緒調性。

II 用意與投入

我在本書指出演員的演技,以及領導溝通領域間的相似之處。要掌控影響力並專注當下,這類技巧與技能是其中一個環節。

本書 Part 2 是奠基於你的意圖,幫助你以清楚、簡潔、連結的方式,表達傾聽者想要及需要的東西,把吸引傾聽者投入的技藝做到精熟境界。

傾聽者：即興表演者

作家、導演、即興表演者戴夫·伯恩（Dave Bourn）以「溝通之舞」一詞描述我們跟他人的互動。他認為我們必須——像舞者那樣——在談話中負責帶領及跟隨，50％的時間我們在傾聽，剩下50％的時間則是在應對自己聽見的內容。

戴夫說，即興表演是一切發生在此刻的一種創意過程。即興表演有別於其他類型的表演和單口喜劇（stand-up comedy），即興表演沒有稿子，沒人知道其他即興表演者的「表演內容」，因為沒有一件事是計畫好或排練過的。即興表演者要獲得成功，必須具備最高的覺察能力，並且「專注於此時此刻」。戴夫說，那就像是「你不再想著別人在想什麼」。說來有趣，他投入即興表演是

為了控制內心的緊張感。緊張感會為身為即興表演者的他帶來好處，因為他認為緊張感是高度察覺他人及高度反應的狀態。基本上，有了這類經驗，他在察覺及回應時，就能全心專注當下，成為傾聽者。

身為即興表演者，戴夫專注於幫助他人發光，他的意圖是慷慨付出，他採用的方法不是設法讓自己變得好笑，而是聚焦於其他表演者。他從自身經驗中學到，幫助別人就是幫助自己。幫助別人的過程可以讓觀眾享有精彩的戲劇體驗，同時讓他控制內心的不安。在他努力支持其他表演者、投入跟觀眾互動時，便不會被內心的想法糾纏著。

即興表演的技藝有賴於傾聽與說話之間的平衡，可說是溝通之「舞」。如果傾聽是以高度覺察的角度關注他人的狀態，那麼以即興表演者的身分說話又如何呢？

戴夫認為，即興表演的樂趣就在於看見

某件事物在當下瞬間自然展現。雖然任何事情都可能發生，但它是由即興表演者所學原則塑造出來的，而增加「色彩」就是絕佳故事要素的其中一例。色彩存在於細節，請使用「什麼人、什麼事、何地、為何、何時」，讓畫面變得豐富。許多溝通者往往只關注事件本身，卻沒有透過這些生動的細節吸引觀眾全心投入。戴夫認為，重點要放在色彩的細節上，這樣一來，傾聽者就更容易繼續聽你說話。

Part Two

改變方法

幫助傾聽者聽進你說的話

Part 2 將探討如何確保

自己在會議室裡

不是唯一的傾聽者,

以及幫助別人傾聽你。

他們把自己的時間和注意力都給了你,

所以你一定要找到正確的方式,

幫助他們輕鬆傾聽。

為什麼轉變很重要？
Why this shift matters?

接下來，我們會分別闡述以下兩件事的重要性與益處：

一，你說的話要跟傾聽者息息相關；

二，你要保持開放的胸襟，將自身經驗連結到傾聽者的經驗。

此外，本篇內容還會探討哪些優良技巧會立下基礎，確保他人容易聽進去你說的話。

04 ｜換位傾聽具有意義
——關聯的重要性

有關如何製作對傾聽者來說具有關聯的訊息，我們在思考其重要性時，重點要放在傾聽者想要聽及需要聽的話，別只是側重你想說的內容。

・相關性落差。
・三種提升關聯的做法：
　1. 傾聽的理由。
　2. 比喻的魔力。
　3. 訴說傾聽者的故事。

三種做法，讓溝通內容跟傾聽者息息相關

> *我很愛吃草莓加鮮奶油，但我發現，*
> *基於某種奇怪的理由，魚很愛吃蟲，*
> *所以我去釣魚時，*
> *不會想著自己想吃的東西，*
> *而是想著魚想吃的東西。*
>
> ——戴爾‧卡內基（Dale Carnegie）[1]

戴爾‧卡內基的聰明話語讓我露出微笑，他在提醒大家，人各不同，想要和需要的也不一樣。他的話引起我的共鳴，也是溫和提醒著，不是每個人看到的世界都跟我看到的世界一樣。

這不是什麼創新的想法，在我們職業生涯中透過意見回饋或心理評測剖析，對自己的人格特質都有深刻的見解，而我們都知道，認可及接納喜好或風格的差異，是為了大家的利益，尤其是必須建立多元包容團隊的時候。

然而，說到溝通，往往會有落差。認清人與人之

間很不一樣,不見得就能刻意用某種跟傾聽者有關的方式進行溝通。2

問題來了:如果溝通內容跟身為傾聽者的我們毫無關聯,那麼傾聽就會成為困難的工作。此時,我們可能會分心聆聽其他跟我們更有關聯的想法。

訊息就這樣遺失,而且可能需要為此付出高昂的代價。

▌關聯落差

幾年前,我跟某家知名英國品牌合作,該品牌先前被美國投資人接管。多年來,該公司的群體意識增長並為此引以為榮,那裡都是工作多年的員工,熱忱十足、專心致志。我很確定,從投資者的觀點來看,買下那家公司是很吸引人的投資。

儘管如此,艱難的處境即將到來。該公司很快就出現幾個重大變動,其中之一就是大幅改組,很多把職場人生貢獻給公司的員工都被裁員了。人們情緒隨

之高漲，對於「誰是下一位」被裁員者，出現了很多臆測。怒氣遍布各處：很多人覺得自己被排除，無法得知相關資訊；每個人好像都很害怕，也許最辛苦的是大家爭奪位置，試圖取代同事、保住自己的工作，人際關係的信任就此瓦解。

領導團隊意識到大家都很痛苦，認為一定要盡量做好溝通，但是毫無效用。花了好幾個月的時間，怨恨、八卦、內鬥仍舊十分普遍。公司文化正在改變，而且不是好轉。大家渴望已久的獲利增長並未成真，眼前依舊困難重重。

情況怎麼會變得那麼糟？有一部分的答案在於關聯。所有溝通都是站在領導階層和股東的觀點，試圖解釋目前正在發生的情況。大家以為同事會感謝公司的商業魄力；以為同事會對長期願景感興趣；以為同事會理解公司需要簡化並集中焦點；以為這表示股東價值會因此增加。

冗長與頻繁的 PowerPoint 簡報被分享給管理階層，接著管理階層負責讓這偉大的公司未來計畫延續。接著，掌握資訊的經理人把新的商業抱負分享給

團隊，通常是大聲宣讀他們獲得的資訊，而問答時間會縮短，因為簡報者沒有任何進一步的資訊。

大家迫切想要知道工作會發生什麼情況，或某個職位在這個新世界裡會是什麼樣子，但這個需求並未獲得滿足。公司的財務願景，還有能讓公司繼續存活二十年的行動理由，這些就是檯面上唯一的選擇了。

你認為什麼事情跟公司同事有關？他們心裡在想什麼？你要離開任職十五年的職位，就算你失去工作，股東價值還是會確保那些有幸投資公司的人們，在後續幾年都能領到分紅，這時的你會有什麼感受？

在我們尋找關聯時，這裡有個重要的差別：

1. 大家想要知道什麼？
2. 大家需要知道什麼？

這個例子是設想大家會想要知道發生什麼事，以及為什麼發生。由於這跟領導團隊特別有關，因此很容易認為同樣的優先事項適用於整個公司。

其實，無論留在公司還是離開，大家都需要知道

自己的生活會受到什麼影響。需求是一種強大的情緒動力，它會凌駕於任何試圖傳達的訊息之上。每個人心中都在反覆思考著折磨人心的問題：「我會怎麼樣？」在那一刻，想要專心傾聽幾乎是不可能的。

在這種情況下，要是對人們需要知曉的事物視而不見，就會引發莫大困難——由挫折、緊張、冷漠、否認構成的公司文化會日益增長。每一次新的溝通方法還沒開始就會被傾聽者回絕，雖然這種情況罕見，但有證據顯示，不滿的員工將造成傷害，導致付出金錢、時間、善意的代價，還有可能造成名譽受損。

假如當初領導團隊能處理跟傾聽者息息相關的需求，那麼每個人在經歷這個必要變動時，感受就會大為不同。

這裡的問題在於一種錯覺——領導階層自以為知道什麼事物跟部屬有關，並強加在部屬身上。他們沒有細想對聽者來說重要的是什麼，而他們傳達的事情聽起來又太過費力。

如果你要求或期望部屬努力傾聽你的訊息，那麼

就必須確定部屬覺得你分享的資訊跟他們有關。

∥ 關聯規則

無論跟什麼人做什麼樣的溝通,我們的起點都必須找出對方覺得息息相關的事情。這是同理心在發揮作用。

挑戰自己:

・你認為什麼事物跟部屬息息相關?

・你該怎麼建立息息相關的觀點?

・你把哪些觀點、決定、想法強加在別人身上?

・你永遠不會直接聽到誰的聲音?

・你如何找出對方覺得重要的事物?

你可能覺得自己繁重的工作量會因此加重,而對領導者說出這句有風險的話:「你也許自以為知道什麼對部屬來說是重要的,但我不確定那種想法是否真

實無誤。」這句話當然讓人覺得不高興。但大家都知道,組織裡存在著參與度的問題,也了解若要探究他人心目中真正重要的事物,時間實在非常緊迫。

然而,如果將投入時間找出人們想要的事物視為一條捷徑——有助訊息傳遞加快、變得具有意義又有影響力,這樣做難道不值得嗎?

請根據性別、年齡、文化背景等,設法找出你覺得重要、截然不同的三個人。

請思考這句話:「氣候變遷跟大家息息相關,因為我們全都住在地球上。」

這類句子的用意是要激發人們採取行動,但這是一種主張。也許真實無誤,但不代表跟個別傾聽者相關。這句話需要修改,才能基於不同原因引起不同人們的共鳴。

1. 你怎麼重寫這句話,讓這句話跟你選擇的三位重要人物息息相關?
2. 你會採取什麼樣的角度?

3. 你會提出什麼樣的例子？
4. 你可能會使用什麼樣的措辭？
5. 你會選擇什麼樣的說話風格？

‖ 關聯做法

要讓聽者覺得你傳遞的訊息與他有關，第一要務就是詢問傾聽者，他們想要什麼、需要什麼。詢問的時機可以是會議發表前、在顧客或同事面前進行簡報之前或規畫會議議程前。先詢問……再傾聽。

如果你不努力運用這種方法，聽者很可能會預料到你的內容和風格——意料之內的簡報和會議往往是枯燥乏味的，對聽眾來說反而成為一種負擔。

你的工作是點起火花、燃起火焰、溫暖人心。要做到這點，請運用下列做法：

1. 給聽者一個傾聽的理由。
2. 找出哪些比喻會連結到聽眾的經驗。
3. 訴說聽者的故事，表現出你已傾聽他們的聲音。

‖ 給聽者一個傾聽的理由

有很多方式可以做到這件事,從戲劇型到談話型都有。下列是實用的清單——你可能還有其他經驗和想法可以補充。最重要的是,你應該時時刻刻自問:「為什麼他們應該聽?」

1. 你知道對方想得到問題的答案,就給出答案（請先向他們確認問題是什麼）。
2. 提出令人訝異的說法。
3. 運用幽默感。
4. 提出問題:反問或其他問法。
5. 訴說故事。
6. 提出跟對方有關的數字。
7. 使用媒體:影片、音樂、圖片。
8. 分享金句名言。
9. 沉默:夠久就會讓人期待。
10. 改變你溝通所在的環境:果敢、創意、驚人。
11. 展示新聞標題。
12. 使用道具。

11 比喻的魔力

找出哪些比喻會連結到聽者經驗

比喻是訴諸情緒的一種捷徑,可以讓我們對某個目標形成強烈的依附感與信念,同時提供共同的語言或手段來定義某個情境。

為了探究人們在公司裡擁有哪些經驗,請他們使用比喻,可能會帶來令人驚訝又迷人的見解。

作家威爾‧司鐸(Will Storr)[3] 在《說故事的科學》(*The Science of Storytelling*)一書中表示,我們在說話或寫作時,大約每十至十二秒會使用一個比喻,所以比喻很容易就悄悄溜進我們所要傳遞的訊息裡,並且可能被運用、再現並形成主題。只要是有關聯又刻意的訊息傳遞,都是不錯的。只要你選擇了正確的比喻,便能確保它被聽者聽見、傳頌,並深植於公司裡。這是一條快速途徑,可讓聽者投入其中,但因為比喻可能具備強大的力量,所以你需要做出聰明的選擇。

比喻類型

危機發生時，我們往往會應用戰爭的比喻：「被侵略」以及跟敵人「進入戰爭」。若是快速掃視與疫情相關的評論，就會看見一連串跟戰爭與犯罪有關的比喻、明喻、類比，這些都是用來激起公眾強大的情緒反應，鼓勵公眾對抗病毒。

有多種方式可以探討及理解那些比喻，比喻的潛力可用來幫助聽眾。美國小說作家茱蒂・布倫（Judy Blume）[4] 把一長串清單縮減成四大類型的比喻：

1. **標準型比喻**：這種方法可以用來簡短描述情境，例如：「她是行走的百科全書」、「你的簡報很優秀」、「愛很盲目」。

2. **暗示型比喻**：這類比喻會細心運用措辭，幫助我們想像畫面，例如：「他對他們怒吼」、「她的雙眼閃閃發光」、「抽出沼澤的水」。

3. **視覺型比喻**：使用圖片把某個東西比為另一個東西，藉此建立關聯，例如：如果你正在談論即將面臨的挑戰，你可能會選擇磚頭和鷹架的

圖片象徵眼前的挑戰。

4. **延伸型比喻**：建立在隱喻的基礎上來勾勒主題，例如：使用高山談論攀爬的過程、各種多變的地形、位於高峰的感受。小心這裡不要做得過頭！

千萬不要混合使用多種比喻，免得大家困惑，比如：「跳上公車，在面對戰爭時，像鳥般翱翔，達到浪峰，最後抵達最高點！」

組織裡的常用比喻

在商務溝通上，有些比喻會一再出現。這些隱喻的用意是正面的，我也欣賞人們試著以創意方式吸引聽者。然而，問題在於我們聽到某些事情被反覆使用，那件事往往會失去力量，再也不具關聯。這不是因為它難以聆難，而是因為變得枯燥乏味⋯⋯枯燥乏味絕對會讓人不再注意當中的關聯，因為我們會停止傾聽，注意力切換到另一個更有意思的話題。

我最常聽到的例子如下：

- **踏上旅程**：你太容易仰賴聽者知道你所謂的「旅程」是什麼意思。這原本是創造傾聽感官敘事的機會，但通常會發生的情況是：溝通者只仰賴「旅程」二字發揮作用，沒有向外延伸比喻，去構建引人矚目的願景。

- **攀登山峰**：雖然這會為聽者創造引人注目的心理影像，但若想創造積極的投入，這個比喻用起來會很棘手。不是每個人都爬過高山，爬過高山的人通常會講述驚人的故事：危及生命的挑戰，讓人凍僵的低溫，還有獨自處於可怕的環境下，氧氣稀薄。在面對眼前挑戰的傾聽者身上，你不見得想激發他想起這樣的畫面。

- **進入戰爭**：這裡的用意是創造共同奮戰的群體意識，同袍懷著共同目的、團結一心。可是，戰爭很危險，傷亡又多。如果你的目的是投入與團結，採用戰爭的比喻，風險會很高。

- **運動**：我跟很多設法使用體育運動來比喻的領導者合作過，他們通常會參與團隊或個人的體育活動，有過親身體驗，從中獲得啟發。體育運動的比喻有其成效，但也會把一大部分的聽眾排除在外，因為這種比喻跟他們毫無關聯。你個人的故事很有趣⋯⋯但如果你要求聽眾透過比喻，想像人在冰冷的淫泥裡扭打搶球的感受，那麼你最好確定他們在這方面的知識和熱忱跟你差不多。

- **混合型比喻**：結合多個比喻會讓人摸不著頭緒，有可能因此失去傾聽者的注意力，還會弱化訊息。若試著涵蓋夠多的範圍找出每個人的關聯性，反而最後會失去所有傾聽者的注意力。

前陣子，我發現出版品和社群媒體使用的比喻好像正在改變。我察覺到大家從「推」的策略轉往「拉」的手段——例如牽動人心、運用關懷心態、對人們展現同理心等。

你可能想要運用一致的比喻,例如建立橋梁、繪製地圖、塑造未來等。正面樂觀的永續世界願景;住家,而非房屋;社區,而非城市;培養及支持,而非推動及追逐。比喻要能展現出合乎道德、倫理、價值的領導力。

要抓住時代精神並滿足傾聽者,就要展現出你關切的事情跟他們一樣,你傾聽他們的聲音,了解什麼事情跟你所屬的群體息息相關。

∥訴說聽者的故事

整個公司都具有豐富的關聯性,例如行動策略、公司文化、克服逆境、挑戰現況等絕佳例子。關聯性的例子就在那裡,你只需要找到罷了。

你可以把公司裡聽到的故事連結到任何重要的話題或主題,讓這個話題或主題跟聽眾息息相關。例如:

- 你有沒有年終統計數據要說明?訴說的故事是有關這些數據對部分同事和顧客的個人意

義。什麼事有了改變？是好轉還是惡化？他們需要那些迫切問題的答案，該怎麼解答？

- 有沒有新的策略？這會影響到公司每個人的生活，所以訴說的故事要跟策略發展有關，例如：策略如何開始、如何形成、你想感謝公司裡的誰促進策略的發想和發展。

- 你有沒有成功的產品要訴說？告訴聽眾有關製造產品的工廠員工的職場生活。在會議室分享工廠員工這個群體，這樣一來，人人都會覺得自己跟工廠員工息息相關。

不用覺得所有關聯的故事，都一定要很有突破性、很戲劇化、有革命性。有些關聯會出現在日常個人微小經驗和轉瞬即逝的時刻，而訴說這些就能展現出你有多努力連結所屬群體。

如何訴說別人的故事

講述公司裡其他人員的相關經歷時，我們有責任

將故事講得足夠生動,讓聽者能輕鬆聆聽。要做到這點,需要技能與信心。什麼可以讓別人的故事栩栩如生?試試下列方法吧:

1. 記住,好的故事就像令人驚豔又多樣的景色:高峰和低谷眾多,引人入勝。當你聽到某個故事,而你知道那個故事跟部屬有關,請找出故事裡有哪些高低起伏的地方,並圍繞它們構建敘事。要練習該技巧,有個不錯的方法,就是對你熟識的某個人的人生進行深思,並且根據所知,列出對方經歷過的三個高點與低點。思考你要如何基於那些事件建立敘事……這樣就行了。你已經準備好敘述他們不同的經歷,以扣人心弦又具吸引力的版本講述他們的人生經驗。

2. 把角色變得生動:如果你曾在故事中提及某位顧客或使用某個職稱,那就錯過這個手法了。老顧客、銀行行員、護理師、烘焙師,他們跟傾聽者毫無關聯,也無法引發強大的共鳴。但如果你為他們命名(無論真實與否),並告訴

我們,他們是人家的祖父母、姊妹或兒子,擁有我們可能共有的價值觀,以及我們理解的辛苦之處,你就能觸及那些創造關聯的細節。在某種意義上,有些人的生活會反映出我們自己的生活,而我們會因此感受到自己跟他們之間有著關聯和連結感。請考慮納入下列事項:

- 他們的名字
- 他們的人生階段
- 他們的家庭情況
- 他們說話時的聲音
- 他們的長相
- 他們對人生的態度
- 他們跟你的公司有何關聯

3. 納入瑣碎的細節:在訴說的故事中,有哪些時刻的細節會讓經驗顯得真實、敘事變得生動,請挑出一、兩個時刻:

- 細膩描述某個場所或地點,好讓人們想像那個地方。
- 詳細描述某個人的造型。
- 詳細描述某個物體。

最重要的是,讓談話繼續。請對方提出看法和意見回饋,你要盡可能經常深思並檢討,確保談話和簡報內容持續跟傾聽者息息相關。

05 │ 換位傾聽很困難
——呈現辛苦之處

　　我們會認識到分享個人挑戰、旅程及轉變,對於鼓舞他人的價值。溝通不照本宣科且專注此刻,就會創造活力與連結。

・打造、分享關聯故事書。
・如何訴說你的故事。

分享故事的價值

請耐心聽我說，我不是要你經歷那種焦慮的夢境：毫無準備地站在同事面前，在他們等待時覺得自己脆弱又難堪；而同事認真睜大眼睛，等著看接下來哪個地方會出錯。

絕對不是這樣的，讓他人願意聆聽的挑戰，重點在於存在感與影響力，兩者都必須有充分的準備、排練與技巧。

在皇家戲劇藝術學院學習即興表演時，我發現看著某人在表演時的「辛苦之處」，其實很有意思。看見表演者努力說出合適的用語，找出正確時機，在舞台上尋找連結感，跟同台演員創造魔法，觀眾便能自然而然地參與其中，見證這場奮鬥。這種表演很吸引人——散發著新鮮、即興感及臨場張力。

我建議要以正面的角度去接納「努力奮鬥」的概念，藉此吸引他人傾聽，這背後有兩個理由：

- 為了讓聽者投入其中，請遠離講稿、投影片、董事會文件或僵化的議程，在你辛苦、努力

尋找合適的用語和語調時，這樣的活力和存在感就會灌注到溝通當中。接下來在講述架構、樂音、聲音的力度變化部分，我們會更深入探討這一點。

- 在人生的海上航行，難免有辛苦奮鬥之處。雖然，有時會在你的人生中製造困難，但是聽見這樣的故事，你會變得更容易傾聽他人。

聆聽別人的辛苦歷程很引人入勝，這算是一種特權。你將為他們打開一扇窗，展現你的價值觀和動機，進而使你的目標在別人眼中變得具有意義，方便他人訴說。這就像是你個人的英雄之旅——你動身出發，面對逆境，克服困難，最終滿載成長與蛻變歸來。

奮鬥充滿張力——溝通就位於不適的邊緣，刺激、充滿未知、真實，總是令人著迷而不得不聆聽。

儘管如此，有些人會比其他人更樂於敞開內心的大門，讓對方進入我們的世界，重要的是務必要以自己覺得正確的方式分享。當你深思以下選項時，請確

保自己對選擇使用的例子感到自在,而你在訴說案例時,情緒上也能夠坦然舒適。

要特別注意的是:唯有你努力地仔細規畫及準備,並且仰賴即將探討的優良技巧,這種做法才會成效卓越。

如何訴說自己的故事

我向你保證,當你跟整個公司的人員談到哪些事物跟他們息息相關時,他們說的話將會引起你的共鳴——觸發你個人經歷的回憶、故事、軼事、例子,有助於你分享,進而證明你已經聽見他們的聲音,並幫助他們聆聽你的優先事項。

▍打造分享的關聯故事書

務必做好準備。請準備專用筆記本,我認為紙本比較有幫助,因為書寫的動作有助於想法停留。當腦海裡浮現任何有用的想法時,請趕快寫下來。下列清單也許能讓你提出內心的想法,清單中提供多種類別,你可以視情況選擇相關經驗訴說。

下述類別的靈感來源來自安奈特・西蒙斯（Annette Simmons）的著作《說故事的力量》（*The Story Factor*）[1]。

・你是誰？聽者會想知道跟他們同處一室的人是

誰，想知道你的故事、你的影響力、你的背景、你的啟發。

- 你做了什麼？聽者希望看到可以信任你的證據……你能告訴他們什麼，來證明他們的職場生活是安全的？你是如何走到這一步？為了證明自己，你做了什麼事？

- 你的動力是什麼？聽者會想了解你的價值觀，不見得跟工作有關，而是可以引領他們的領導性格。

- 你的目的是什麼？聽眾會感到好奇，想知道你會如何引導他們邁向未來，例如追隨某個目的、願景或使命。

- 你如何照顧人們？傾聽者需要聽到你的哪些人生經驗，來證明你有多麼了解他們。

- 你如何重振旗鼓？逆境總是無可避免，聽者會想知道你如何克服逆境並從中獲得啟發──你學到了什麼。

‖ 安排實用的情節，打造你的故事

克里斯多福‧布克（Christopher Booker）在其著作《七種基本情節：我們為何要說故事》（*The Seven Basic Plots: Why We Tell Stories*）[2]中，提出的故事及其主題分析是受到榮格原型（Jungian archetypes）的影響。我選出了四種基本情節，也許你會覺得有助於訴說奮鬥的故事，藉此啟發聽眾：

1. 從貧困到成功：如果你設法啟發傾聽者相信無限可能，或讓傾聽者認清你或他們獲得了多大成就，那麼經典的灰姑娘故事頗有成效。你是否曾經從零開始並在某件事上取得成功？這樣的故事會鼓舞聽眾，並幫助他們看清轉變的力量。

2. 戰勝怪獸：所有007詹姆士‧龐德（James Bond）的影迷都會說，沒有什麼故事比看見威脅並將其擊倒最具有吸引力了。這些有如雲霄飛車、富有活力的情節，會把聽者帶入故事裡，幫助聽眾看見你如何應對挑戰。你有沒有

感受過恐懼？經歷過自我懷疑？擔心某個情境而失眠？請訴說哪種情況把你帶到現在的位置，將有助於聽眾感受到領導者已從經驗中學習，他們很安全。

3. 追尋目標：在好萊塢電影裡，故事內容若跟追尋有關，那麼要把一篇故事變成一系列電影，根本不需要找藉口（想想《哈比人》〔The Hobbit〕、《法櫃奇兵》〔Raiders of the Lost Ark〕……）。故事的開端就有結局的願景，這種典型方法會透過目的，讓傾聽者投入故事中。這樣的故事全是辛苦的奮鬥，你們會共同經歷高低起伏，並且彼此支援。這種方式也可以讓故事隨著時間而逐步形成，成為所有相關人士共同創造的故事。

4. 重生：我最愛的電影之一是《今天暫時停止》（Groundhog Day），故事是描述有個男人在學會成為好人以前，都會反覆過著同一天，這是重生故事情節的完美例子。不過，那你呢？你是否曾經反覆犯下某個錯誤？你是否反覆採

用同一種方法來解決問題，某一天才意識到只要找另一種方法就能成功？這樣的情節是絕佳的方法，啟發傾聽者想要改變的欲望，而你在這方面的經驗會奠定他們的信心，你知道如何帶領他們度過難關。

∥ 如何訴說你的故事

分享辛苦奮鬥的歷程，可說是快速通關的捷徑，能夠奠定聽者對你的信任度。你讓聽眾輕易聽到他們可能認同的、引人入勝的故事，幫助他們意識到你了解他們並理解他們的經驗，並且充分關心他們，願意敞開心扉、呈現你真正的樣子。光是這個慷慨的舉動，就能讓你的訊息具有關聯性，聽者比較容易把訊息聽進去。

講述個人奮鬥經歷的好處，在於你握有這扇門的鑰匙，可以決定敞開多少，這完全取決於你。不管你選擇分享多少，以下三點建議能讓聽眾認真聽你訴說故事：

先給出最後一句話

決定你故事的最後一句話,從最後一句話作為開頭,然後講述故事,最後再以這句話當作結尾。不要解釋這句話,也不要在這句話之後補充說明,請把它想成是盒子外的包裝紙。

運用感官

訴說個人故事時,運用感官描述可說是王牌技能。我們傾聽的時候,會搜尋自己的記憶,進而連結至我們聽到的內容,例如:

校長是身材嬌小的女性,留著一頭線條分明、噴了髮膠的白髮。穿著學術袍的她大步穿越冰冷的學校走廊,身上的學術袍有如波浪般起伏。她的聲音很克制,卻像是薩克斯風的高音——尖銳、急切、刺耳——穿透了周遭的喧嘩。她聞起來有薄荷味。跟她握手很令人訝異,她的手溫暖又粗短,迅速落在我的手上,沒嘗試緊握或搖動,很快就抽回了手。

這些詞語是用來形容我的國中校長，我在腦海裡清楚看見她的模樣，而你在閱讀時應該也會想像她的模樣。其實，我們腦海裡的畫面各不相同，你腦海裡的畫面是從自身回憶的相關經驗塑造而成⋯⋯無所謂，那是一種連結感、投入感。

當我們回想自己的學生時代，你和我有一刻都在同一個地方。

我們在建立敘事時，很容易仰賴視覺作為主要感官，但是其他感官會增加細節的豐富性，並營造出更完整的畫面，讓別人更容易聽進你的故事。五種感官分別是：視覺、聽覺、嗅覺、味覺、觸覺。

請自行嘗試這項練習，或在引導下跟團隊或團體一起練習。你也許想讓思緒漫遊或寫下想法，一段時間後再重溫。無論你選擇哪種方法，不要倉促行事⋯⋯就讓感官經驗展現，直到你覺得自己真的「明白」為止。

定下日期——例如，從現在起五年後。

想像你正和某位潛在客戶，或者新客戶一起走進公司。

- 你看到什麼？請詳細描述畫面，盡量豐富一點：公司建築物的地點在哪裡？什麼樣的空間類型或空間大小？格局是如何？公司有多少人？他們在做什麼？你看到哪些顏色？光線呢？自然光？天花板高度？你還看到什麼？

- 進去公司時你聽到什麼？音樂的聲音？科技產品的聲響？談話的聲音？一片寂靜？還有呢？

- 你注意到哪些味道？咖啡？新鮮的空氣？營造氛圍的精油？有什麼很特別的味道？還有呢？

- 你有什麼感覺？冷靜沉著？活力十足？你在這個空間裡是站著還是坐著？空間帶來清新、放鬆、歡迎的感覺嗎？你還注意到什麼？

- 你能在這個空間裡做什麼？是開會用嗎？你能不能在這裡吃東西？你能不能在牆壁上畫東西？跟虛擬替身互動？使用 4D 列印，印出設計的東西？有什麼樣的可能性？

在這個練習中,請大膽發揮想像力吧。感官畫面愈豐富,就愈能讓人們傾聽、投入並展望他們在你的企業中的未來。

▌故事的寓意

無論你選擇哪種方法說故事,好讓聽者有所連結並付諸行動,你都必須納入——永遠都要說出故事的重點或寓意。

故事要說得好又容易傾聽,必須懂得平衡才行。故事要以某種方式對我們有助益——讓我們因為傾聽故事而有所轉變。故事有了寓意,你就有機會教導傾聽者並促進改變,而他們聽到故事中的旅程後,就會獲得啟發,進而引發思考、感受或行為的不同。

可惜,如果故事的內容東拉西扯、架構不佳,或者最嚴重的是結局對聽者來說沒有道理,那麼很容易就此遺失故事的訊息。

開始訴說自己的故事前,請先決定結局⋯⋯你就

會知道自己要往何處去,以及前往該處的原因。

宣告故事的關鍵要點會很有幫助。試試看以下其中一個句子吧:

· 寓意就是……

· 為什麼我要跟你說這些……?

· 重點是……

· 這裡有個要點是我希望你記住的……

TED 大會首次舉辦後約二十二年時間,於 2006 年將演講內容上線。為時十八分鐘的簡報,在溝通領域帶來革命性的改變,還提供數以百萬計、一口份量(bite-sized)的學習經驗,大家都能隨時隨地查看簡報。TED 採用的方法是故事導向,讓學習者投入其中並獲得啟發,也就是說,各地傳播者的表現應該勝過只從投影片讀取資料。他們需要成為說故事的人。

TED 演講讓他們的故事內容變得跟聽眾息息相

關。故事內容充滿辛苦的掙扎，都是具意義導向的故事，它們架構分明、精心打造並經過排練。TED講者都知道該如何讓自己的內容變得容易被人聆聽，而且他們的結尾總是帶有轉變點，也就是故事的寓意。

演說時，你務必事先準備故事的寓意，這樣傾聽者才會在故事展開後一直聽到結尾，並明白故事寓意。聽者會懂得重點是什麼……並因此採取行動。

幫助我們傾聽：記者

地方新聞記者艾瑪・艾爾吉（Emma Elgee）十分明瞭，若要幫助讀者投入她訴說的故事，就要讓故事跟讀者有關。她對我說，關鍵就在於，盡快讓人的聲音進入故事中，我們都會被人們的故事吸引，都想知道別人的觀點。

也就是說，身為記者的你必須讓開，這一點很重要。她很清楚，當你訴說故事時，不管寫作能力有多優秀，你的工作就是採用易讀的用字。這不是要讓用語或內容通俗化，而是你必須觸及所有的讀者，每一位投入故事者都需要「理解」故事，才能繼續閱讀。使用行話，或者陌生又複雜的術語和用語，會讓人失去興致、浪費機會。

如果目標是讓讀者的注意力投入其中並

維持，那麼好的標題就是個起點，這本身就是一種技巧。有些全國小報刊出聳動的標題就引以為傲，但艾瑪反對這類標題，寧願從清楚的標題開始發展故事，不過度承諾。她說，這就是「人的聲音」發揮價值之處，如果你能在標題裡使用引文，故事的戲劇張力就已經到位，個人敘事已隨之展開。

記者在打造故事時，仰賴的關鍵問題有什麼人、什麼事、為何、何時、何地⋯⋯還有「所以呢？」。「所以呢？」的問題會揭露情緒，幫助我們理解含意。提出「這對你來說有什麼含意⋯⋯？」的問題，就會立即建立連結，帶來發自內心又真誠的見解。

艾瑪不建議提供過多的背景脈絡，把故事發展成完整的歷史與背景，確實很吸引人，但她認為這樣會打斷故事的流暢性，畢竟細節不一定有關聯。她主張盡可能使用單一的句子，重點在於簡潔。

最後她說，你必須靈活調整故事的重點，請做好準備，找出新的角度。為此，你必須傾聽⋯⋯你無法確定即將展開的是什麼，你必須準備好，去改變你對故事採取的做法。你必須集中注意力，確定自己什麼也沒錯失。

為了幫助別人傾聽，她提出簡單的建議：

・把你的資訊濃縮成一個小片段。請自問：「為什麼別人要在乎這個？為什麼他們需要知道或想要知道？」

・立刻發揮故事的影響力——能與人們產生連結的相關聲音，最能把你的訊息傳達出去。

06 | 你可以做到換位傾聽
——幫助別人傾聽時，技巧十分重要

要特別提醒，把時間、心力、注意力投注在以下方面是很有價值的：運用技能溝通，規畫簡報與談話架構，使用聲音表達用意與情緒，營造傾聽環境。

‧換位傾聽必須架構分明。
‧樂音——你的聲音很重要。
‧語言編排——營造傾聽環境。

換位傾聽必須架構分明

跟傑出溝通有關的字眼當中,「毫不費力」是我很常聽到的。

字典的解釋是「不需要生理或心理上的努力」,並且「以令人欽佩的輕鬆方式達到目標」,聽起來很美好。以幫助聽眾傾聽而言,這就像是先遣部隊。

▎規畫簡報與談話

也許你喜歡看喜劇演員針對我們的生活方式,用兩個小時暢快地發表搞笑的見解與評論;也許你被電視訪談吸引,備受矚目的採訪者流暢地探詢受訪者的事業與私人生活;也許你敬佩勵志演講者能夠掌握舞台和聽眾的注意力,講述勝利故事及其跟事業生活的相似處。他們全都是沒有講稿、即興發揮、充滿原創的說話者……毫不費力。

當然,正如人生中很多看似輕鬆的事情,實則稍有差別。

差別始於架構。你在規畫溝通時，愈是架構分明，傾聽者就愈能聽得進去並理解你說的話。架構分明的規畫會帶來舒適與支持，你便能夠自在表達，並且確保聽者會繼續聽你說話。原因如下：

1. 你會確切知道自己想說的話，並且確定會說出來。

2. 你在內容之間會減少字數、更常停頓，好讓傾聽者吸收訊息。

3. 你看起來很有把握，激起聽眾信心，他們會想聽到更多。

4. 你會知道該怎麼結束簡報或談話，你的內容因此有了方向感和意義。

　　這裡要強調的重要訊息就是架構不可死板、不使用逐字稿，免得跟漫無目的閒扯一樣讓人聽不進去。重點在於清晰、簡潔、簡單。

　　如何幫助聽眾更專心傾聽，請就兩大關鍵領域進行思考：簡報與談話。

‖ 簡報

無論是現場簡報還是線上簡報，簡報都是商業生活的一環。1987 年，前思（Forethought）公司的羅伯特・加斯金斯（Robert Gaskins）與丹尼斯・奧斯汀（Dennis Austin）發布 PowerPoint 簡報程式，此後業界的投影片簡報就變得無所不在。三十多年後，我們還是在跟該媒介的有效使用方式搏鬥。PowerPoint 簡報程式發布三個月，隨即被 Microsoft 收購，視覺輔助工具的價值顯然被視為改變商業領域的關鍵，可以幫助人們觸及內容並記住資訊，而且這種情況在短期內好像不會有任何變化。

2017 年，以 MIT MBA 學生為對象的民調顯示，有 85％的學生覺得自己的簡報能力——以及使用 PowerPoint 簡報的能力——對於他們在業界扮演的角色是具有意義的環節。[1]

然而，PowerPoint 簡報是否會幫助傾聽？看情況而定……而且主要取決於簡報和投影片的架構方式。

‖ 這看起來很熟悉嗎？

接下來我要做個猜測，這個猜測不適用於所有讀者，但很多人都是用下列方式為傾聽者製作簡報：

1. 決定自己要說的內容。
2. 你開始從範本製作一疊投影片。
3. 加上內容，確保自己不會忘了任何事。
4. 你請同事或資深的利害關係人提出看法。
5. 採納對方提供的額外內容。
6. 加上一些圖片。
7. 在最下方加上備註，例如出處、說明等。
8. 結尾的投影片上寫著「有沒有問題？」

如果是重要簡報，你可能會請專業的設計公司製作投影片，跟他們一起排練，看看投影片的文字是否需要更動。然後也許前一天，你可能會在台上再度排練。這時，你可能會發現投影片的內容真的很難，無法全部記住，於是額外加上幾個項目符號，期望有所幫助。也會在紙卡上匆忙寫下筆記。你或許非常緊張，甚至後悔當初自己答應做簡報。

除非你是線上進行簡報,當然就沒問題,照著稿子念就好了。不用事先排練,只要準時現身,應該就沒問題。

在整個過程中,傾聽者在哪裡?

你等待啟發,等待改變,等待情緒的飛越,而那股情緒說:「我知道自己必須要做什麼事,想到就雀躍不已。」

當天,你感到脆弱,緊張得要命,只希望趕快結束。你緊張到腦子裡出現一大堆「空白」,所以為了保險起見,你直接照著投影片的內容念,試著盡量詳細說明要點。你完成簡報,鬆了一口氣,但因為體內的皮質醇分泌,你完全不記得剛才說的話。你超時十分鐘,但沒關係,你撐過來了。

沒錯,你做到了。

不過,你失去了傾聽者。當他們發覺你只是大聲地照本宣科;當他們查覺你會超時、占掉休息時間;當他們認為你說的話很艱澀、根本不知道要表達什麼、跟不上你說的話時⋯⋯你就失去了他們的注意力。

也許這種情境不適用在你身上……但很多公司都會出現這種情況。這一切並不輕鬆，充斥錯誤的努力，對說話者和傾聽者來說，這些努力都沒有好處。

對於相關人士而言，這等於是浪費了機會。

▌架構分明的起點

為了讓訊息更容易被聆聽，要確切掌握我們想傳達的內容，確切知道我們希望大家聽見什麼、記住什麼話。

規畫簡報前，請挑戰自己，想想怎麼用七個英文單字組成一句話來傳達要點（譯按：建議中文不要超過十五個字）。規則如下：

- 必須是完整的一句話，不是七個英文單字隨便亂湊。

- 介系詞和冠詞都算在字數內。

- 不要使用商務術語，只使用大白話，讓所有人都能理解！

這是開始簡報的絕佳途徑,著重於幫助聽眾傾聽和掌握架構。

　在你嘗試以這種做法傳達商務訊息前,請試著進行下列練習。這些練習是有趣的,你會因此意識到,每篇故事——和每一則訊息——都有一個你可以發揮的要點。

簡單的練習

想想你特別喜愛的電影,腦海裡浮現的任何電影都可以。試著使用七個英文字組成一句話,摘述這齣電影的故事。以下是一些規則:

・著眼於電影中的故事。
・不要使用電影名稱、電影金句、演員姓名或角色姓名。
・不要使用「這部電影是關於⋯⋯」這類用語。

以下三個例子可以幫助你開始:

1. 冤獄銀行家從下水道逃獄。
   (Wrongly convicted banker escapes jail through sewers.)

2. 鯊魚咬死海灘客,遭到獵殺。
   (Shark kills beachgoers, is hunted and

shot.）

3. 壞繼母的繼女被跳舞的王子帶走。
（Wicked stepmother loses stepdaughter to dancing prince.）

有很多方式可以摘述這些有名的故事，但你應該猜得到這些是什麼故事：《刺激1995》（*The Shawshank Redemption*）、《大白鯊》（*Jaws*）、《仙履奇緣》（*Cinderella*）。

困難的練習

　　從 TED 觀看次數最多的簡報開始——丹尼爾・品克（Daniel Pink）的《動機的力量》（The Power of Motivation），看看你怎麼用七個英文字組成一句話進行摘述。請依循同樣規則：

- 著眼於品克訴說的整體故事。
- 不要使用簡報名稱。
- 不要使用「這個簡報是關於⋯⋯」這類用語。

　　想想你最近必須做的三個簡報——交流的聽眾規模並不重要。看看你能不能用七個英文字組成一句話，摘述簡報的故事。

　　舉例來說，我可能會試著把「著重核心能力，加強以客為尊的心態」轉譯成「以簡化的系列產品提供出色的服務」。

一旦你確定自己已掌握核心訊息，就可以使用下列架構來強化訊息。

∥ 可倚靠的架構

這裡使用的架構是基於亞里斯多德的說服原則，這是廣為人知又普遍獲得認可的要點，幫助我們平衡訊息——尤其是簡報傳達的訊息，確保大家都能夠傾聽。

說服原則如下：

1. 邏輯（Logos）：訴諸於傾聽者的邏輯或理性。在簡報中，則是採用巧妙的手法建構你的論點並提出支持證據。

2. 人格（ethos）：展現你的性格或個性。在我看來，這是向傾聽者展現你的真實面貌、表達你的專業，傾聽者何以認為你在該主題具有可信度並願意聆聽你的看法。

3. 情感（pathos）：這是情緒。你能否影響傾聽

者的感受，是關鍵所在。如果你流露情緒，傾聽者比較可能有同樣的感受，而這就是個人魅力的根源。

邏輯有助於典型的簡報架構詮釋。我對客戶採用邏輯原則已有多年，它是我最喜歡的「首選」規畫工具。若有需要，我可以循著這條出色的捷徑，立刻準備好易於傾聽的簡報。

架構

傾聽的理由

定下期望

主題 1	主題 2	主題 3

結論

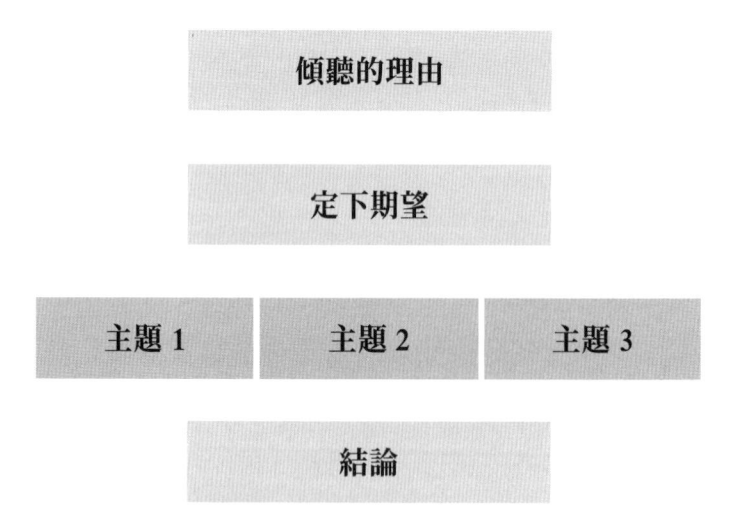

我發現這種方法普遍又實用，在進行以下規畫時很有幫助：

・一整天的會議或訓練時段

・任何長度的簡報

・架構分明的答案

後續幾節的內容中，會提供更多細節。

傾聽的理由

大家都知道，為傾聽者建立關聯，正是關鍵所在，而且需要審慎思考。試著不要將此當成是簡報標題……這樣做不足以讓傾聽的工作變得容易。凡是引發情緒反應的事物都會產生作用，請發揮創意、勇氣、開放及挑戰，只要它能夠與聽眾產生關聯。

定下期望

向聽眾簡潔說明即將發生的情況。簡報者在這方面花了太長時間，使聽眾迷失在無止盡的議程清單

中,這種做法一定會讓人失去興趣。用這幾句話跟他們說明目的是什麼,他們聽到時會有什麼感受,以及你會花多久時間。然後深入探索。

三大主題

　　愈是運用幫助聽者傾聽的原則,我愈是體會到,關鍵技能不在於簡報中輸入的內容⋯⋯而是我們省略的內容。提供聽眾過量的資訊,可以說是很大的誘惑,我們差點就一直屈服於這樣的誘惑下。

　　請選出需要聚焦的三個領域,或哪三個領域是這份特定簡報或訊息的優先事項,這樣一來,需要關注的內容就一定會被聽見。

　　特別注意,如果你已經決定要說什麼,接著脫離自己的規畫,請設法回想你所決定的每件事物。你想不起來的東西,有可能是因為你沒有建立真正的連結。如果連你都不記得了,那麼聽者有可能也記不得。這將會引導你決定,該省略什麼內容或者日後再來使用。

簡報時，你必須自守紀律，停留在你們討論的主題上，不要東拉西扯！

結論

與聽者討論後，結尾不要使用：「有沒有其他問題？」因為這句話沒有告訴我離開房間時應該有何感受，也沒有指出聽者聽完後應該做什麼。

挑戰自己……我想要的是行動還是反應？也許兩者皆有吧……不過，請在規畫過程的開端，利用機會確立這個想法。然後，你一邊說話，一邊就會知道自己要去往何處。

你的聽眾將會聽到——並記住——訊息中最重要的部分。

替代架構

當然，要製作容易傾聽的簡報，這不是唯一的方法。絕對有替代選擇，至於精熟的方法，可參考豐富的文獻。我之所以提出這個架構，是因為該架構靈活

並能應用於很多的溝通情境，以及亞里斯多德的影響力可見於諸多故事、戲劇、電影劇本的架構編排基礎。

最重要的是認知到，使用訊息傳遞的架構有助於人們傾聽。如果他們在聆聽，表示你做好自己的工作，而且做得很好。

編排談話結構

改變發生在每一次談話中。

本書主要在呼籲談話時傾聽他人，聆聽的時間要多過說話的時間。不過，對話是一種雙向交流，所以你務必要掌管談話的心理學、描繪你的想法、傳達你的訊息，讓大家傾聽你的話語。

正如南西・克蘭（Nancy Kline）表示[2]：「你的專注品質左右了另一個人的思維品質。」

這種交流非常重要，我們必須在以下兩者之間取得平衡：一，表達我們想說的話；二，讓對方擁有同樣的經驗。

對於領導力，談話的重心往往是管理挑戰，這可能是為了實現某個願景，也許是贊同重新定義的價值，或是應對急速的成長。不過，也有可能圍繞著艱難的目標，例如績效管理、工作量增加、組織重組，有時是解雇員工。有些談話在領導者眼中也許是艱

難的時刻,而在聽者人生中可能是難以忘懷的重要時刻,是他們永遠記得的談話。由此可見,我們要確保那些談話會基於正確的理由而被記在心裡。

‖ 必做事項

首先,你必須把主要訊息傳達給傾聽者。

其次,你必須確保他們已經理解這個訊息。並不是要你像故障的伴唱機那樣,反覆說同一件事,而是要你為表達訊息的方式負起責任。如果對方不理解,那是你的責任,不是對方的責任。你應該會因此更努力地想出一些方法幫助理解——為聽眾服務,讓他們明白你的意思。

在決定談話的架構方式前,請先問自己下列三個問題:

1. 我希望發生什麼情況?
2. 我不希望發生什麼情況?
3. 我希望對方有何感受?

11 如何提出觀點,讓人傾聽?

你可以根據訊息的性質和對象,採取兩種途徑來編排訊息的架構。

首先,你可以採取對比的方式,這是直截了當的途徑,透過明顯的情緒旅程邁向清晰的理解,讓對方毫無疑慮地理解你的要求,同時覺得自己受到重視。

・直接講重點。

・提出今後積極且值得感激的途徑。

再來,你可以使用下列樣本,規畫安排談話場景(注意:這是綱要計畫,不是腳本。若要聆聽實務情況,請參考「傾聽資料」):

我喜歡⋯⋯	正面感謝對方的努力、特質、用意等,會大有幫助,一開始就能讓談話氣氛放鬆下來,讓對方覺得更安全、更樂於傾聽。你可以在這裡提供細節,只要足夠真誠又具體。

我不喜歡……	你現在有正當性可以提出問題，但只能提出一個。不要藉此機會將反感事物都編成清單，否則傾聽者會覺得自己被抨擊，你會失去他們的注意力。問題要清楚簡短。
我覺得……	承擔責任──你受到什麼影響？不要使用「我覺得你……」，要使用「我覺得自己有〇〇情緒」。
我希望……	大膽爭取吧，請用一句話告訴對方，你今後想要達到的目標。
如果你做了……	這些是正面的結果，也就是採用新的行為或變革後可能會有的成果。這部分應該也要包含他們從中獲得的好處。
如果你不……	這些是負面的結果，也就是不採取行動可能會有的後果。包含他們不願意往前邁進時，預計會面臨的情況。

▍用什麼方式回絕,聽者才聽得進去

現在我們已經知道,發揮同理心、理解他人的觀點有多麼重要。如果你在這方面已經做得很好,或者天生就很有同理心,那麼或許覺得自己很難拒絕別人。問題是如果不講清楚說明白,對方可能根本沒聽進去。如果你可以拒絕別人,我鼓勵你想想自己的表達方式——這是一個例子,說明訊息若是太過直截了當,無意間可能造成傷害與冒犯。

不要只是直接拒絕,請試試下列句子結構:

認知對方感受	務必讓對方準備好接受衝擊。你要自己想出一套說法,但請試試以下句子:「我知道這樣很難接受」、「我想了很久……」、「你也許會失望……」。
告知對方訊息	「我沒辦法」,「真的沒辦法」,「可惜沒辦法」。

解釋「沒辦法」的原因	這裡需要設下限制，只要一個原因就夠了。若提出多個原因，就會失去訊息的作用，或讓聽者覺得困惑。
提出今後的途徑	可以是另一個建議，也可以提供支援或資源，但要看你能不能想到有什麼東西可以減輕對方被拒絕後的失望感。

∥ 架構通則

　　架構的重點是使用架構達到流暢度。有了架構，就得以專注於當下與「此時此刻」，簡報時你不用擔心接下來要說什麼話，不用擔心能否記得例子來證明自己的能力，不用擔心應該說什麼或問什麼來讓談話繼續。

　　首次使用架構工具，也許會有點棘手或拙劣，所以請先試試，找出適合你的用語和風格。

11 責任的移轉

我經常碰到領導者看見聽眾冷淡的反應就灰心喪氣,他們收到的意見回饋呈現出聽者不理解、聽完之後沒動力,或者說到要採取行動就抗拒。這往往讓領導者產生抱怨……因為人們不投入而感到煩躁,因為冷漠的反應而感到失望,語調也變得不友善。

實際上,說話者要擔負責任……我們的工作是要讓資訊變得清楚、好記、帶來啟發。如果對方搞錯重點,那是我們的責任。

請自問:「當時我有什麼地方可以改進?」也請詢問對方,你還可以改進什麼地方,以幫助對方未來都能用心傾聽。意見回饋或許會帶來痛苦,但身為溝通者的你卻會因此改變並獲得成長。

後續幾節內容會幫助你更深入鑽研,憑藉想像力和一點個人魔法來打動傾聽者。

幫助我們傾聽：政治文膽

資深顧問喬治・雷（George Leigh）面對的挑戰——必須在一場傳達緊迫性並推動改變的演說中，以具有說服力的方式明確表達想法。他對我說：

在政治講稿撰寫領域，有個比喻大家普遍認得，叫做「狗展演說」（Dog Show Speech）的概念。如果政治人物、名人或地方業界領導者必須去狗展當裁判，而且要在宣布贏家前發表演說，他們不能把狗展當成談論內心想法的平台。觀眾在那裡，是因為他們對狗感興趣。你必須談論狗的事情，必須給觀眾想要的東西。

有時，演說的目的是批判，但觀眾不想聽那種話。喬治跟我說，你必須設法贏得人們的

心。你不能抨擊，傾聽者會覺得厭煩。一定要營造不間斷的談話，而這需要非常努力才能做到。

不管是什麼演說，第一要務就是要說點什麼。你必須擁有論點、創造論點。東尼‧布萊爾的文膽菲利浦‧柯林斯（Phillip Collins）表示，這個核心觀點應該簡單到能謄寫在便條紙上。

喬治形容傾聽者在「縱容你」，他們慷慨分享時間。喬治覺得你不應該粗魯對待他們，例如浪費他們時間或無法幫助他們理解論點。

他會先確定題目，思考誰是聽眾，接著展開研究調查，獲取完整的簡報。大家演說時很容易追求填滿空白，他則是去除不重要的內容，努力控制時間長度，他建議十分鐘就差不多了。

他說，有時必須耐心處理語意，畢竟用

語十分重要。舉例來說，關於「標的」及「目標」或「願景」之間的差異，就有很多爭論。不過，最重要的一點就是必須使用說話者的用語和語調，也就是說話者的聲音。想要理解特定說話者的表達方式，需要進行大量的談話和背景作業。演說內容一定要適合他們才行，畢竟最終是他們在說話。

喬治會使用幾個修辭手段，避免聽起來過於自負。他認為演說的「樂音」非常重要。他把文法想成音符──節奏、結尾的漸強。他認為，只要你做到這一點，說話者不用是世上最厲害的講者──文字的書寫方式本身應該能支撐整個演說，讓人們專注傾聽。

樂音的影響力

‖ 你的聲音很重要

2000 年,我開始跟領導者在溝通和領導風範方面展開合作。當時,為了獲得靈感而讀的幾乎每一本書,以及為了尋找主題相關證據的每一篇文章,都引用了某份研究。

1960 年代晚期,教授艾伯特・麥拉賓(Albert Mehrabian)寫了一篇論文,闡述他的非語言溝通研究。[3] 研究過程中,一位女性會用九個單字表達,並隨著每次的說話方式,調整自己的肢體語言和聲音。該項研究的受試者會就自己的所見與所聞做出回應,而麥拉賓則記錄受試者仰賴什麼因素做出判斷。根據主要的研究結果,如果說出的話語及語調或肢體姿態之間,出現不一致或不協調的情況,受試者會更仰賴非語言因素詮釋,而非實際的話語。這份研究結果提出的統計數據很容易理解並記住:肢體語言占 55%,語調占 38%,話語占 7%。

也許是因為這份統計數據容易理解,所以成為

「首選」參考資料，讓大家更懂得思考自己在溝通上產生的影響。如今，在 Google 搜尋以及闡述溝通的文章和書籍，還是很容易就能看到這份統計數據。簡報技能、談話訓練、領導風範輔導都會引用這個「規則」，鼓勵客戶在溝通時把重心放在非語言層面。然而，這從來不是麥拉賓的用意，而該份研究結果絕對不是建議我們不用思考自身話語產生的影響。

如果你是以線性方式從頭到尾閱讀本書就會知道，你說的話語以及表達話語時採用的架構，將有如一條途徑，可以讓別人輕鬆吸收並記住這些資訊。

也許你記得或讀過英國前首相柴契爾付出的努力，為了讓聲音更吸引人們傾聽，她刻意降低嗓音音調。她意識到，聽眾通常會認為低沉陽剛的語調是權威與權力的象徵。研究發現確實如此；人類跟動物一樣，聽見溝通者的低沉語調，就會賦予對方較高的地位。[4] 這是個有趣的效用，對於女性領導者設法吸引聽眾時，具有特別重大的意義。[5]

我們所知如下：

- 在社交場合、跟嬰兒或小孩在一起時，男性和女性都會提高自己的音調。這也許是下意識試著降低自身地位，跟遇到的那些人在減少威脅感下，建立連結及融洽的關係。
- 相較於音調較高的男性和女性，音調較低的男性和女性會被視為能力較強者。
- 音調較高的女性會被視為較具有魅力、但不那麼專業。
- 無論男性還是女性，只要使用更廣闊的音域變化，會被視為更具有吸引力，但較少權威性。

這些資訊確實頗有意思，但有一點更重要、必須記在心裡，那就是傾聽者不喜歡不真實的嗓音。如果你太過努力壓低嗓音來傳達權威感，或許會被視為「做作」，立刻失去聽眾的心。假如柴契爾現在要打造出嗓音的權威感，那她不得不採取的途徑也許跟1981年不一樣了。

一定要謹記在心，人們普遍喜歡不極端的嗓音——聽起來「自然」的嗓音更顯真誠、讓人感同身受，並且值得信任。需要注意那些干擾的事物，管理傾聽者的注意力，但請小心不要偏離真正的自己。

❚ 考量關鍵要素

停頓與沉默

第三章提到傾聽時應用沉默，就已展現沉默作為工具的價值，可鼓勵他人更深入探究、深思並訴說更多想法。說話時，沉默也扮演著一定的角色，它是樂音，是標點符號，能夠促使傾聽者深思，吸收聽到的話語並加以詮釋。停頓需要勇氣，但這正是魔力發生之處。

英國知名劇作家哈洛・品特（Harold Pinter）最出名的地方，就是在劇中探索停頓的用法。他使用了三種不同的類型：

1. 刪節號：這種停頓在英文是用三個點表示，帶

有猶豫的意味,只是稍微的停頓。

2. 停頓:角色深思時使用。這會引起觀眾的注意,他們會感受到氣氛緊繃,不由得猜想,在大家共處的空間裡,等一下將發生什麼事。

3. 沉默:完全停止。角色碰到某件很荒謬的事情,說不出話來。這同樣會引起觀眾的注意,在觀看戲劇情節展開時,提高觀眾的壓力值,產生令人不寒而慄的效果。

品特堅持編寫的對話,是用來深思人們在生活中實際的溝通方式,他做到了,也達到很好的效果。我們可以從他的作品中學到很多,他使用沉默的手法營造氣氛,讓聽者認真等待接下來可能聽到的事。

你在哪些時機最有可能試試停頓及其力量?是主持談話時,或告知團隊或組織重要議題的最新消息時,還是訴說故事或進行簡報時⋯⋯。我建議停頓的時間可以比你想的更久,這是基於個人說法和經驗獲得的感想。如果你想要強調某個真的很重要的論點,

十秒鐘其實不算太長時間。訣竅在於提供傾聽者這段時間,而且對於這樣的停頓,你本人必須看起來很自在才行。

特別提醒,如果是在線上,你需要保留某種輕微的動作,例如手勢、腦袋輕微晃動等用來表達停頓,這樣聽眾才不會以為你的螢幕畫面卡住了。

濃厚的口音

口音會讓他人對我們產生各種印象,例如族群、階級、性別、文化偏好、教育等。英國有三十多種方言,全球有多達20％的人口說英語(很多是第二語言),所以聽到別人用標準口音說英語的機率相當低。這正是英語的多樣性,但是身為傾聽者,在英語母語者所屬國家(根據語言學家大衛‧克里斯托〔David Crystal〕的定義,就是把英語當成主要語言使用的國家)[6]的「核心圈」,說英語的人會很快就下評斷。語言學家薇薇安‧庫克(Vivien Cook)[7]表示,第二語言說話者會承受偏見,而這種偏見並未納入隱性偏見的訓練,「他們跟『理想的』母語者之間

仍存在的落差」會導致他們處於劣勢。

　　如果你有口音的話，請讚揚口音，因為口音會傳達真實性以及所有的經歷和資源。同時還要確保口音不會太濃厚，如果聽者覺得口音難以理解或跟不上，有可能不再理會你的想法和訊息。

　　請在架構分明的訊息裡，使用簡單的術語、例子、故事，這樣就能擁有絕佳機會，讓傾聽者繼續聽你說話。

　　要讓口音覺察能力達到精熟境界，有個很好的方法，就是從你相信的那些誠實又獨特的聽者們那裡收到意見回饋。你也可以錄下自己的聲音，幫助識別在你說話時聽者聽到什麼；理解你收到的意見回饋；把自己當成改善的起點，透過重複練習來測量改變的程度。網路上有許多立即可用的資源，有助於做出任何需要的小調整，把濃厚口音轉為易懂口音。另外也可以考慮投資專業語音教練的指導。

副語言

　　這個「籠統」術語是用來指稱任何非語言的要素，包括聲音裡的樂音或音調、語速，還有說話方式中的任何習慣。注意有哪些要素可能會削弱訊息的清晰度或力量，請設法更有效地管理。

填補的聲音

　　填補的聲音——例如「嗯」或「呃」——會提供自然的停頓空間，方便我們在談話中思考。填補的聲音只要不是無所不在，就很實用。語言學認為填補的聲音是「話語標記」（discourse marker），在談話中更可以展現禮貌或體貼、緩和訊息的影響力、讓傾聽者有一點時間深思。

　　如果你參加過說話技巧課或簡報技巧課，你的注意力很可能會被這類習慣吸引。填補的聲音在口語訊息占有一席之地，當我們的大腦運轉速度加快、說話速率增加時，填補的聲音可能會在高壓下增強。我從未主張完全去除填補的聲音，免得演說時會有點像機器人般呆板，聽起來像是照著稿子念。電話交談時，

填補的聲音是用來表示你還在思考，所以很實用。

請某個人針對你是否過度使用填補的聲音或重複的用語而造成干擾，提出意見回饋，因為這類干擾有可能會妨礙別人傾聽。在請求回饋時，提出具體問題，將有助你獲得所需的見解。

語速

在線上或是講電話，尤其需要注意語速或說話的節奏。如果要有效抓住傾聽者的注意力，適應性十分重要。就語速方面，沒有一體適用的做法。我知道，要重新思考你一直以來本能的交流方式，可能覺得很笨拙，但是你愈是注意到這一點，就愈能自然調整，傾聽者也會覺得聽起來更易懂。

	一對一	一對少	一對多
快速 （每分鐘超過 160 字）	很好	有限／看情況	避免

| 中等
（每分鐘 120～160 字） | 很好 | 很好 | 看情況 |
| 緩慢
（每分鐘 100～120 字） | 很好 | 有限／
看情況 | 有限／
看情況 |

注意，這是用於深思你調整技能的指南。情境或背景脈絡可能會導致某個方法完全改變：你只要集中注意力，決定什麼對傾聽者來說很適合或可行就好。

一個小訣竅：如果想要找出自己自然的說話速率，可以使用轉錄應用程式（例如 Transcribe、Otter 或 Rev），錄下你在談話時的聲音，然後複製一段談話文字並貼到 Word 文件計算字數。這樣一來，你就有了起點，可以開始練習調整語速。

詞語選擇

1929 年，德裔美籍心理學者沃爾夫岡‧克勒（Wolfgang Kohler）[8]，發現了兩個捏造的單字和兩幅抽象畫之間的關聯性。這兩個單字分別是「Maluma」和「Takete」。一幅畫是有尖角的線條，

另一幅畫是弧線。詢問受試者後，大多數人會選擇有尖角的線條畫代表「Takete」，而選擇弧線畫代表「Maluma」。世界各地很多研究都重現了這個效應，絕大多數都發現類似的關聯。為什麼這種現象對傾聽者來說很重要？若要在語音上發揮影響力，促使樂音讓傾聽者集中注意力，應該有意識地使用某些關鍵的詞語。

就英語而言，子音乘載著語言的信念（也許最有力的證據就是髒話產生的衝擊，髒話通常是開頭與結尾皆為子音、中間有一個短母音的簡短單字），而母音乘載著情緒。

想像一下，你跟公司的人員溝通，想要幫助他們理解重大變化，例如客訴數量增加。你可能會選擇下列哪一個字眼：

・速增（定義：突然增加）

・大增（定義：突然大幅增加）？

試著大聲說出這些字眼，測試它們對你的說話方

式會造成什麼影響。你下意識的選詞用字會對傾聽者產生影響。

　　公共生活裡知名又具影響力的人物，他們的關鍵訊息是由專家撰寫，然後反覆排練，直到說話者對於即將說的話以及說話方式感到舒服又有自信。他們關注的不僅僅是傳達什麼訊息，更著眼於哪些詞語會把訊息深植傾聽者的內心和思維，才能長久留存。只要你細心周到、付出努力並注意選詞用字，那麼你對傾聽者的影響就能大幅改進。

幫助我們傾聽：聲音教練

1995 年以來，安卓雅・安斯沃思（Andrea Ainsworth）一直在都柏林艾比劇院（Abbey Theatre）擔任聲音導演，在愛爾蘭更是一流的聲音專家。

我們在談話中探討「軟技能」這個總稱，「軟技能」一詞可以用於溝通技能的養成。我倆一致認為，這個詞暗示著缺乏嚴謹、精確或方法，而如果你設法鼓勵人們努力改進，就不適合使用該詞，這個用語某個程度上具有削弱作用。

身為業界專家的安卓雅往往被問及哪些「訣竅」可以幫助大家改進溝通，而她認為運用這些技能應該像是運動員提升運動技能那樣：透過獻身、專心、高度覺察的態度，還要對意見回饋保持開放的胸襟、檢討自己

的表現、以長遠的眼光看待達到完美一事。而這些方法都不是快速的解方。

安卓雅認為，傾聽是高品質的注意力，是高度覺察你內在和周遭的情況，並感受到別人的連結感。在這個交互作用下，你就能在那一刻回應需求。她很清楚，如果在你所屬的文化中，人們做不到真正的傾聽，就無法改變說話方式，遑論其他。

在幫助他人傾聽時，安卓雅專心使用沉默。她提議說話要停頓，就算停一拍也好，這樣一來，傾聽者才能消化自己聽到的內容。她察覺到說話者太緊張就會加入過多細節或技術資訊，而插話帶來的恐懼感會讓他們無法講完論點，也沒有新的聲音能量可提供下一個想法或論點。鼓勵人們針對塑造論點的方式付出心力，並且加以練習，說話者表達想法的方式就會隨之改變。語言少了樂音，表達就會缺乏技巧，別人很難聽進去。

安卓雅建議做到下列事情：

・聽進對方說的話，而不是你詮釋的版本。

・急著修正問題反而讓我們總是在找問題來解決。試著只「陪伴」在對方身邊——這是她在費登奎斯（Feldenkrais）訓練中學到的用語「Etre avec quelqu'un」（與某人在一起）的翻譯。

・想想你是怎麼「安置」自己的。無論是線上還是面對面，我們所在的環境都會影響到注意力的品質，而人們眼前所見事物也會影響到他們做出的回應。

聲音的力度變化

我教導個人和團體的溝通技能長達二十年，從沒有人說過他們很愛自己講話的聲音。錄下談話中或簡報中說話者的聲音，然後播放錄音，他們往往會沮喪地感嘆：「啊，我的聲音好討厭！我聽起來鼻音很重／愛抱怨／像我媽或爸／口音很重。」

問題在於有沒有認出自己真正的嗓音。我們聽見自己的嗓音是透過骨頭和肌肉的傳導。中耳的聽小骨會振動過濾，控制我們產生的嗓音；要是沒有經過過濾，我們產生的嗓音會大聲許多。所以，我們的嗓音變得低沉，也就是我們聽到的樣子。

當我們說話時，聲音通過空氣傳播，產生的嗓音跟別人聽到的嗓音截然不同。我們在錄音中聽到的基本上就是別人聽到的，讓我們覺得奇怪又不舒服。當然，你錄製自己嗓音的次數愈多，會愈熟悉。你會更擅長做出必要調整，傳達適合的情緒來影響傾聽者。嗓音是肌肉，而大家都知道，好好運動的肌肉很強壯、很靈活、反應靈敏。幸好，嗓音是積極的樂器，不用付出太多努力，就能保持良好狀態或充分發揮作用。

▍VAPER 模式

當你說話時,傾聽者需要從你那裡得到以下兩樣東西:

1. 用意:讓你完全明白什麼樣的情緒在推動,你希望引發傾聽者什麼樣的情緒。
2. 把你的嗓音當成自由、靈活、準備就緒的聲音樂器,按照你的意願發揮作用並獲得啟發。

為了達到這兩項目標而需要的東西,你全都有了。我們有機會調整並改進嗓音的五個層面,這樣我們會更容易傾聽:

1. V:音量(Volume)
2. A:表達(Articulation)
3. P:音高(Pitch)
4. E:重音(Emphasis)
5. R:速率(Rate)

音量

可聽度跟可信度有關。如果聽者無法聽清楚你說的話，你怎能期待傾聽者聽進你的話？

線上

- 線上的音量優勢在於大家的音量表現差不多，如果有人太大聲，我們可以降低音量。你的嗓音很小嗎？請使用頭戴式耳機或麥克風，這樣大家比較容易聽見你的聲音，這是我們溝通工具中的一大優勢。

- 音量劣勢在於聲音品質。連線不佳或太多人一起說話，就很難聽見對方的聲音。

確定傾聽者能夠說出他們有多容易聽見你的聲音。如果好幾次都難以聽到對方的聲音，就會覺得厭煩。

面對面

- 安排好自己的位置，讓會議或簡報期間的每個人都能輕鬆看到你。

- 不要往下看筆記：如果你的視線落在桌上或地板上，傾聽者很難聽到你的聲音。請跟聽眾保持視線接觸，你聲音的方向會跟隨目光的方向，展現更多活力和氣力。

- 試著不要想得太遠，免得你目前的句子或想法逐漸減弱。

- 身體坐直：良好的呼吸能讓你的聲音獲得最大力量。

- 如果需要插話，請在插話前，先呼喚對方，引起對方注意。對方講得正流暢時，你可能必須重複兩、三遍。

逾 50 歲的英國人超過 40％ 有聽力受損[9]，因此傾聽者很可能難以聽到你的聲音。至於你有多容易聽進別人的聲音和理解，請你信任的同事提出意見回饋，然後視情況採取行動。

表達

　　這個詞彙是用於說話時肌肉的精確度和能量值。如果你在傾聽者面前想表達權威感，構詞時需要注入一些能量。我認為這樣的練習很有趣……但可能看起來有點笨。運用你的舌頭、嘴脣、臉部做繞口令和捲舌，也許會有很傻的感覺，卻能調整你的說話肌肉，清楚地、有信心地、有信念地表達自己。

　　練習訣竅：拿一份工作文件或投影片簡報，上面有一大堆詞語跟你的公司有關。大聲念出內容約一分鐘，要用最快的語速念，同時要達到你最高的準確度。如果出錯了，請回到開頭。每一個字都要清楚念出來。這種做法比繞口令更實用，但如果你樂於練習繞口令，那麼 Google 搜尋有豐富的資源，而且各種語言都有。

音高

　　音樂、風格、類別、節奏、投入，全都落在這個標題底下。嬰兒和小孩在音域上富有表現力。隨著年紀增長，音域會縮小，支撐咽喉的肌肉靈活度也會下

降，從我們的嗓音就很容易認出年齡（當然了，除非你一直努力練習）。

練習訣竅：從一數到十，交替使用你音高範圍中的最高音和最低音，例如：1＝高，2＝低，3＝高，4＝低，以此類推。

重音

重音是協助傾聽者的過程──幫助傾聽者理解你的用意。有了重音，句子的意思可能會隨之改變。典型的聲音練習會把重音放在句子裡不同單字上，看看意思會有什麼變化。

講電話時，或者只使用語音的時候，可以說是我們真正擁有的唯一機會，能幫助傾聽者理解自己對我們說的話有何感受、哪裡有緊迫性、什麼事很重要。

練習訣竅：試著說出下列句子，以粗體表示的詞語每次都要發重音，看看意思有何變化並透過你的聲音傳達：

我沒有移動它們。
我沒有移動它們。（是別人移動的）
我**沒有**移動它們。（我讓它們留在原位）
我沒有**移動**它們。（我只是把它們蓋起來）
我沒有移動**它們**。（我移動的是別的東西）

輪流把重音放在四個不同的詞語上，就會產生四個不同的語意。書面溝通的問題之一，在於缺乏重音導致讀者臆測用意，有時會引發疑惑或不安。請善用說話的聲音，避免這種情況發生。

速率

正如前文討論過，速率是語速的基礎。停頓和語速的使用，可以說是聲音使用的重要元素，所以如果你不能專注在其他事物上，就要習慣調整自己的速率抓住傾聽者的注意力，並在說話時引導聽者。

語言編排

▍營造傾聽環境

注意溝通環境，有助確保大家能夠且有空聽進你說的話。你有責任創造聆聽者易於傾聽的環境。

想像一下，你正開車穿越有生以來經歷過最令人嘆為觀止的風景——在冬季時節，開車穿越驚豔的山景、冰河湖、無垠的藍天、燦爛的陽光。外頭是攝氏三度，清新冷冽的空氣提高了眼前所見的一切亮度。接著想像一下，車子的暖氣壞了，你還要開兩個小時的車，而你冷得要命。你彎腰駝背抓著方向盤，努力保持溫暖，還沒抵達目的地，此時你能夠多全神貫注在周遭美麗的風光？有多少意識是在注意自己多麼不舒服？無論如何你就是注意力分散。你對獲得舒適感的需求會凌駕於欣賞所見之物的願望。當我們所在環境造成分心，無可避免就會發生這種內在的衝突。

營造能幫助傾聽者聆聽的環境，是在善待自己，同時也是善待他人，讓每個人都有機會以最佳的狀態去體驗。

∥ 面對面：簡報

切實檢視你預計簡報的空間,以全新的目光評價場地的燈光、座位、布置。要讓場地變得更好、更舒適、干擾更少,你能做什麼事?

然後,決定你要怎麼簡報⋯⋯是坐著、站著,還是有時坐、有時站?要讓會議室每個人都能輕鬆看到你,該把自己安排在哪個位置最適合?

演員都會學到,舞台中央的位置只要往前看、不用轉動頭的方向,就能以周邊視覺看見每個人。

對於坐著簡報而言,這是絕佳的訣竅,因為我們坐的位置經常不理想,這代表必須很努力才能讓同桌的每個人都看到我們。如果無法讓別人輕鬆看到我們,他們會覺得厭煩,而改做別的事或想著其他事。

∥ 面對面：談話

你想擁有何種談話類型,想要從談話中達到什麼目標,還有你不想發生什麼情況⋯⋯若是你很清楚這

些事,就能決定哪種環境會有幫助,進而決定營造何種環境。無論你做什麼,都要確定對方明白這是傾聽環境。請闔上筆電、收起手機、桌上沒有干擾的事物,對方就擁有可以舒服坐著的空間,並意識到你全心專注當下。

想想你跟對方要怎麼坐。坐在彼此對面,隔著一張桌子,多半會被視為設置障礙物,所以請自我檢討,看看目前的座位會不會影響談話的語調,哪些替代方案也許可以使用或帶來幫助。

‖線上溝通:協助傾聽者的十件必做事項

想要妥善安排線上溝通,頭腦需要更清晰才行。我們要負責為線上的同事做好準備,盡量減少他們受到的干擾。大多數情況下,我看見人們「現身」,而他們卻對於自身影響力沒什麼想法。十大步驟的清單如下:

1. 投資在設備上,例如攝影機與麥克風,幫助傾聽者盡量清楚地看到你、聽到你。這些設備能

以相當便宜的價格購置，卻能帶來莫大改變。

2. 燈光：不要從後方或側面打光。你需要面對窗戶或環形燈，讓聽者能好好看清你的臉。

3. 使用乙太網路線連接電腦。目前，簡報或談話時仰賴 WiFi，其實太適當或不夠可靠。對方可能沒聽到你話中的關鍵部分，而連線不佳、網路延遲，插話確認或澄清，一、兩次還沒關係，但多次之後，對方就不再費心了。

4. 盡量站起來——當你負責簡報時，更要站起來。你的活力會更加充沛，如果你平時對站立表達感到不自在，線上溝通將為你帶來解放感。當你之後回到面對面簡報時，就會覺得舒服多了。

5. 確認你跟攝影機的距離是否與新聞播報員的距離相同，這裡是指，新聞播報員坐著的時候。確定螢幕畫面中的你是腰部或胸部以上：不要讓你的臉占滿螢幕畫面。根據研究顯示，螢幕畫面的臉部特寫，往往會增加我們

潛意識中因威脅而產生的壓力。

6. 確定你的視線高度跟攝影機鏡頭旁邊的綠燈或藍燈同一高度。你的視線高度必須為談話帶來正面影響。俯視鏡頭會嚇到對方，並營造出不對等的地位差異。

7. 請購買第二台顯示器，就能看見視訊會議上的每個人。

8. 持續開啟視訊鏡頭。確保你始終都能看見自己——這是得知自身影響力的大好良機。你可以監看自己的表情反應，以及對方眼中鏡頭上的你是否活力十足或專注當下。在談話或簡報時，這是你獲得最好的自動意見回饋。

9. 談話一開始就敘述背景，跟對方說你所在地點，對方會看到什麼。例如，如果你習慣看向別處，比如看窗外、看地板、隨手塗鴉，所以很常把視線從對方身上移開，請先跟對方說明情況，否則對方可能以為你分心或不感興趣。若有可能發生任何干擾，請事先提

醒對方。檢查你的背景,確定它是你想要的背景,且不會比你本人更吸引注意力⋯⋯我們已經受夠假背景。你所處的畫面應該真實,但要仔細思考你的背景,還有你在背景中呈現的樣貌。

10. 關閉所有其他可能傳送的通知。談話時聽見電子郵件寄來的通知聲、簡訊聲或 WhatsApp 訊息湧入的聲音,談話各方都會因此分心。這種情況表示有人還在處理其他事情,我們說的話沒被好好聽進去。

‖ 察覺傾聽者的反應

溝通時分心會使我們停止察覺。如果你已經盡最大努力安排環境,大幅減少任何可能造成妨礙的干擾,便可以自由關注聲音和肢體語言中的微妙之處和細微差別,並從訊息傳達方式獲得相關的重要資訊。

你會在兩種環境下工作:

1. **高語境**。你跟傾聽者同處一室,能夠仰賴豐富的感官畫面來了解現況。看表情就會非常明顯……但絕對不是唯一指標。睜大雙眼看看你眼前上演的「舞蹈」。

   ・手。手是握緊拳頭還是抓緊東西,是在玩手還是把手藏起來,手部動作會是很好的起點,可以用來訓練你的洞察力。看看說話者的手部動作是不是在自我「安撫」,比如一隻手撫摸另一隻手,或反覆觸摸自己的脖子。女性可能會玩頭髮。

   ・腳。真正洩露真相的地方。一個人的上半身可能看起來很冷靜,但腳或許會呈現不同故事。看看有沒有坐立不安、用手指輕敲東西、拖著腳步、重心轉移到腳部外側的情況。雙腳有沒有「扭在一起」——是不舒服的跡象嗎?還是雙腳打開、占據空間、看來放鬆的樣子?

   ・身體姿勢。人的整體姿勢會呈現出談話時的活力狀況,是挺直?僵硬?駝背?你可以從

同事的準備狀態、投入度或大致情緒狀態得到什麼資訊？

2. **低語境**。線上溝通時，你能觀察到的資料會少許多（之所以一定要確定對方能清楚看到你，就是這個原因）。由此可見，表情、聲音、用語會發揮更強大的作用。

- 表情。嘴脣噘起或緊繃，意味著緊張或不贊同。也要確認微笑，真誠的微笑或稱「杜鄉的微笑」（Duchenne Smile），是眼睛都會笑。只靠嘴脣做出微笑，是在傳達禮貌的訊息，看起來比較像是職責而不是投入。覺得不舒服或尷尬的人，通常會感到嘴脣乾而舔嘴脣。這是壓力的跡象，所以請謹慎處理。

- 眼神接觸。若是線上溝通會很棘手，因為我們在線上根本無法直接眼神接觸。人們可能會看著視訊鏡頭，但無法密切注意對方在螢幕畫面上的樣子。雙方也許會看著螢幕上的影像，這不算是眼神接觸。請你

以間接目光密切注意眼前影像，看看你能從整體畫面中推論出什麼。

▍如何處理眼前所見

說出你眼前所見，而且只說你看見的情況。這需要勇氣和練習才能做到，卻能夠展開談話，很快就能讓談話富有意義。在這種情境下坦誠以對，雙方都會獲益良多。

說出你確切觀察到什麼：「我察覺到你的嘴脣噘起來了，我在想著可能有什麼原因。」

這裡要謹慎為之！不要去詮釋，例如：「你看起來生氣了，你很明顯是覺得這種情境很煩。」使用「我察覺到……」的句子會有幫助。這種句子會表現出你在關注，進而有助增進對方的體認。由於證據在你們雙方眼前，因此很快就能展開更開放的談話。

專注當下就是跟別人的想法和感覺產生連結。

──英國舞蹈家魯道夫・拉邦（Rudolf Laban）

幫助我們傾聽：編舞家／總監

丹妮・謝爾斯（Denni Sayers）是她這一代頂尖的歌劇編舞家，作品享譽國際。她站在觀眾的角度思考舞台，並且思考演出者的體驗。在她看來，理解場景的對稱性或不對稱性，梳理出什麼做法最能呈現某一刻的活力，這些都極其重要。她表示，舞台上的要務就是「平衡焦點」——把觀眾的目光引領到你想要他們看的地方。

排練的時候，丹妮可能會和 65～85 位合唱團歌手同處一室，她從沒見過那些他們。她需要在排練期間抓住歌手的注意力，鼓舞歌手好好合作，請歌手學習新技能。她需要歌手高度重視動作，像重視音樂那樣。

她認為，關鍵在於做好準備。

第一，無論人數多少，她都會記住相片上每個人的名字，這有助於團體認清她做好完整的準備，重要的是，她關心對方是出自關心個人，而非關心「合唱團」。她說，如果你把人當成綿羊對待，人就會表現得像綿羊一樣。你稱呼對方的名字，對方會覺得被看到，因此多付出一些。

第二，她會確保自己說出對方想聽的話，把音樂學得跟對方一樣好。丹妮對我說：「如果我期望他們跳舞唱歌，那我就應該懂得音樂和舞蹈。」

第三，她分享了一句座右銘：「第一印象只有一次機會。」這是推動準備作業的關鍵原則。她的重點放在會議的前十五分鐘，她認為這是成功關鍵。根據她的經驗，團體往往會迅速形成集體意見，一旦失去他們的心，就真的很難挽回他們了。丹妮建議，要理所當然地認為對方會發揮潛能，這樣有助激發對方的潛能。

最後,她訴說以下的價值所在:充分熟悉你的資料,這樣一來,要是計畫顯然無法發揮作用,你還是能輕鬆地即興表演。她不害怕事情出錯,反而受到「FAIL」縮寫字的啟發與鼓舞……「FAIL」代表的是「學習的首次嘗試」(First Attempt In Learning)。

對於幫助別人傾聽,她的建議如下:

- 放對會議重點:確保每個人看到需要看到的、聽到需要聽到的。
- 運用幽默感:幽默感會讓每個人放鬆,這樣你就可以發揮更多作用。

07 | 轉變發生
——如何照顧身為溝通者的自己

多數工作時間,我們都花在溝通上,如傾聽、談話、書寫、閱讀等。在本書中,我請讀者更努力地做好溝通,要深思、練習、檢討、再試一遍。這種事讓人筋疲力盡。想像一下,假如你得學習改變走路方式呢?當我們試圖拆解過程以改進技巧、發展風格、鼓勵別人做出同樣的改變,那麼我們視為理所當然又本能的事就會變得耗費心力。我最後列出一些訣竅,當你著手實踐改變時,可用來自我管理,並提醒你這類事情的重要性。

・用心傾聽的注意事項。
・善待他人。

用心傾聽的注意事項

撰寫本書之際,英國即將進入第二階段的封城。當時,我人在葡萄牙,返回英國就要面對為期兩週的隔離。我感到緊張,擔心家人和朋友,而我這個人平常是不會擔心那麼久的。未完成的事和不明確的未來,令人心煩不已。

我是個很好的傾聽者,這點你樂於知道,畢竟你已讀到本書結尾!也就是說,人們經常找我傾訴。此外,因為我專心傾聽,所以我也會提出問題。我會探詢,會稍微挖深一點。我變得沒那麼害怕自己可能聽到的東西,以及聽到辛苦的事情時可能有何感受。此刻,在這個社交劫持、永不安寧的時代,我算是個很有用處的朋友。

今天早上,我察覺到自己精疲力竭。新聞令人沮喪,我度過累人的週末,忙著安排物流,要跟女兒一起搬家,而且我一直睡不好。我散了好久的步,試著讓自己安心,但是手機響了,散步變成長時間聆聽來電者的練習。散完步之後,覺得比剛開始散步時還要

疲累。這個常見的經驗，你也許頗有同感，而在影響力演變成日後另一場（可能跟別人展開的）談話的挫折感以前，請先注意到影響力的存在，這種做法很有幫助。

我想起了照顧身為傾聽者的自己有多麼重要。以下列舉一些選項，應該可以幫助你避開傾聽者的倦怠重擔：

• 遵循輪流原則。你會傾聽一整天，所以請試著輪流思考，還要休息。

• 如果有些日子你就是沒有「感覺」，請盡可能誠實，並要求之後再重新開會談話。每個人都能同時「有空」全神傾聽，這種情況實在少之又少。

• 找出哪一位同事是很好的傾聽者，並同意雙方「共同傾聽」。這樣一來，你們就能秉持互惠精神，好好傾聽彼此的聲音，而無須尋求建議。

• 認清優秀者會有高低起伏。請善待自己，你

不見得都能做好。

- 控制你的活力！咖啡、糖、洋芋片都是很有魅力的野獸……但它們對於身為堅定的傾聽者的活力毫無幫助。

- 為你自己找到些許的沉默。你注意別人時會大量使用沉默，但是別忘了使用沉默來注意自己。

- 你會需要開拓呼吸的空間……請充滿活力地大口深呼吸，吸氣會帶給你活力，呼氣會帶走你的緊張感。

- 把一些傾聽技能留給你愛的人們……不要因為在職場上傾聽別人就把自己弄得筋疲力盡，不要利用自己的「休息時間」來逃避關注家中情況。只要自我管理做得好，你的技能就會改善人生中的所有層面。

善待他人

2012 年 7 月

簡報輔導課：08:30 ～ 10:00

地點：倫敦

客戶：投資分析師

時間：9:55

「我認為我失去了信心。」他一邊說，一邊望向我，我倆之間相隔著一張大桌子。

我等待著，望向他。

他站起身子，然後走向窗戶。景色相當美，從河流之上延伸到城市的另一端。他的雙臂交叉，雙腳動也不動。

我倆都陷入深思。我想著自己到底應該對這位強大的男性說些什麼，他高大、帥氣、看似所向無敵。我不曉得他的腦袋在想些什麼，看起來像是重要的事，但我摸不著頭緒。

「我在想家人。」他停頓了好長一段時間後表

示,「想著公司⋯⋯你知道的,所有的事情。」

「繼續說。」我說。

「啊,應該沒什麼啦,我累了⋯⋯只是需要一杯咖啡,然後繼續做下去。」他這麼說著,活力出現了變化。

我們還剩下五分鐘時間。我知道他很忙,但我看得出來,他心裡有事,而他目前為止還沒在我倆的談話中提到那件事。三十分鐘後我還有另一位客戶,所以我做出選擇。「好,如果你有任何事情需要講清楚,到時再打電話給我。或者,可不可以保留到我們下次見面的時候?」

「好的。」他的語調堅定,聽起來很確定。我們一起走了出來,聊著週末的計畫、天氣、通勤狀況。

我再也沒見過他,2012年10月,他了結自己的性命。

我從來無法自稱,跟我談話後,或許會改變這位美好的男人和他做出的選擇。可是,我不曉得,我直到今日還是覺得苦惱不已,我竟然被手錶逼迫著,沒

有給他機會再往下挖深一點。我沒讀出跡象,不知道該怎麼提出那些問題。

也許,你閱讀本書後,會覺得自己更能做足準備,熟練地展開任何談話。

本書提到的策略跟理解有關,要設法透過傾聽來理解他人,然後設法幫助傾聽者理解你。

這些善待他人的行為會導致你的領導力出現轉變,別人跟你的合作經驗也會隨之轉變。

誰知道呢?也許甚至能挽救一條性命。

每一幕的溝通都是一場轉譯的奇蹟。

——美國科幻暨奇幻作家劉宇昆

誌　謝

2020年夏季，我有幸與務實啟發出版社（Practical Inspiration Publishing）的艾莉森・瓊斯（Alison Jones）聯繫。她對作者和書寫給予的鼓勵、支持、創意、敬業精神，讓我感到煥然一新並從中獲得啟發，我永遠感謝她賜予撰寫本書的機會。

我向來以為寫書一定是相當孤獨的活動，但我很高興地得知，他人的慷慨與支持有助於形成想法與內容，進而有時間與心力提出建設性的意見回饋與建議，使得它更偏向合作型的努力。

非常感謝下列朋友和同事，他們提出寶貴的看法和幫助：喬瑟芬・布希（Josephine Bush）、席娜・卡特萊特（Sheena Cartwright）、艾倫・羅伯森（Alan Robertson）、露易絲・麥唐納（Louise McDonald）、譚欣・凡恩（Tamsin Vine）、葛蘭・莫菲（Grant Morffew）、安卓雅・托利（Andrea Tully）。在此特別感謝提莉・威肯斯（Tilly Wickens），她最先閱讀了草稿，支持我繼續寫下去，只有她能做到。

訪談各領域的專家，了解他們如何及為何專心傾聽，對我來說堪稱最重要的環節，而在此想特別感謝以下人士秉持智慧與慷慨的精神，不吝分享見解與建言：喬治・雷、艾瑪・艾爾吉、丹妮・謝爾斯、安卓雅・安斯沃思、榮獲大英帝國勳章的瑪姬・卡麥隆、喬安・齊爾斯利、瑞秋・梅森醫生、戴夫・伯恩、班・葉格、達米安・翁弗、阿利斯泰爾・卡麥隆（Alistair Cameron）。

也很感謝查理・恩文讓我訴說他那四分之三杯的故事。

我何其有幸，那麼多美好又寬容的朋友懷著愛與耐心，隨時願意傾聽我，幫助我度過自我懷疑的時期，自始至終都讓我有好心情，還能喝上一些葡萄酒。在此特別感謝我那群「公路旅行者」，朱爾斯・葛雷（Jules Gray），尤其是喬瑟芬・布希、達米安・布希（Damien Bush）、莎拉・史達特（Sarah Sturt），這群特別的友人支持我完成這次書寫，並共同度過人生中的許多時光。

我想要謝謝貝拉・威肯斯（Bella Wickens），她很有耐心地拍攝我的相片……在各個方面來說，都是我的小鬥士。

最後，即使窮盡一日的時光，用盡辭典裡的詞彙，也無從表達我對羅素的愛意與謝意。

參考資料

第 1 章

1 馬庫司‧巴金漢,《首先,打破成規》,2005。(中文版為先覺出版社出版,目前已絕版。)

2 麥爾坎‧葛拉威爾,《異數:超凡與平凡的界線在哪裡?》,2009。(中文版為時報出版。)

3 請參閱 www.listen.org。

4 里昂‧費斯汀格,《認知失調理論》(*A Theory of Cognitive Dissonance*),1957。

5 莉亞‧巴佐,《傾聽政治學》,2017。

6 莉亞‧巴佐,《多元化與城市,以及傾聽的政治》(*Diversity and the City, and the Politics of Listening*),2018 年 2 月。請見 www.youtube.com/watch?v= QGzj1jI_MRM(2021 年 2 月 8 日查閱)。

第 2 章

1 亨利‧沃德,*The Shadow Organizational Chart*,亨利‧沃德 Blog,2018 年 9 月。請見 https://carta.com/blog/theshadow-organizational-chart(2021年2月8日查閱)。

2 大衛・洛克，《SCARF：以大腦為基礎的協作模式》（CARF: A brain-based model for collaborating with others），發表於 Neuroleadership Journal，2008 年 6 月，www.neuroleadership.com。

3 艾倫・羅伯森，〈如何制定更好的議程〉（How to set better agendas），可見部落格文章：https://talk-wise.com/how-to-set-better-agendas（2021 年 2 月 8 日）。

4 霍華德・馬克曼（Howard Markman）等人，《捍衛婚姻從溝通開始》（Fighting for Your Marriage），2001。

5 www.movingconflicts.org。

第 3 章

1 丹尼爾・高曼，《EQ：決定一生幸福與成就的永恆力量》，1995。

2 Alan S. Cowen 和 Dacher Keltner，〈自我報告揭示了由連續梯度連結的 27 種不同情緒類別〉（Self-report captures 27 distinct categories of emotion bridged by continuous gradients）。請見 www.pnas.org（2021 年 3

月 21 日查閱）。

3 K. Scherer 和 P. Ekman，《情緒的研究方法》（*Approaches to Emotion*），1984。

4 艾倫‧蘭格，《用心，讓你看見問題核心》（*Mindfulness*），1991。

5 Leslie S. Greenberg 和 Wanda Malcolm，〈解決未完成的事務：連結過程與結果〉（Resolving unfinished business: Relating process to outcome），發表於 *Journal of Counselling and Clinical Psychology*，第 70 卷，第 2 期，406 ～ 416 頁（2002 年）。

6 Jodi Kantor 和 David Streitfield，〈走進亞馬遜：在激烈的職場中爭奪偉大的想法〉（Inside Amazon: Wrestling big ideas in a bruising workplace），刊於《紐約時報》，2015 年 8 月 15 日。

7 凱文‧達頓，《非典型力量》，2013。

8 艾莉森‧伍德‧布魯克斯和萊斯利‧約翰（Leslie K. John），〈問題的驚人力量〉（The surprising power of questions），發表於 *Harvard Business Review*，2018 年 5—6 月號。請見 https://hbr.org/2018/05/the-surprising-

power-of-questions（2021 年 2 月 9 日查閱）。

9 查爾斯・戴伯，《追求注意力：日常生活中的權力與自我》(*The Pursuit of Attention: Power and Ego in Everyday Life*)，2000。

10 Dan Hasson 等人，〈壓力與瑞典勞動人口聽力問題的普遍性〉(Stress and prevalence of hearing problems in the Swedish working population)，發表於 *BMC Public Health*，130（2011）。請見 https://bmcpublichealth.biomedcentral.com/articles/10.1186/1471-2458-11-130（2021 年 2 月 9 日查閱）。

11 Susan Fiske、Amy Cuddy、Peter Glick 和 Jun Xu,〈（常常混合的）刻板印象內容模型：能力與親和力源於對地位與競爭的感知〉(A model of [often mixed] stereotype content: Competence and warmth respectively follow from perceived status and competition)，發表於 *Journal of Personality and Social Psychology*，82(6)，878–902（2002）。

12 Katharina G. Kugler 和彼得・柯曼,〈變得複雜：複雜性對於可能無法解決的道德衝突對話的影響〉(Get

complicated: The effects of complexity on conversations over potentially intractable moral conflicts），發表於 *Negotiation and Conflict Management Research*，2020年7月21日。請見 https://onlinelibrary.wiley.com/doi/full/10.1111/ncmr.12192（2021年2月9日查閱）。

13 彼得・柯曼和 Robert Ferguson，《解決衝突的關鍵技巧》（*Making Conflict Work*），2015年。

14 彼得・沃利，《小學教師的100個創意：提問》（*100 Ideas for Primary Teachers: Questioning*），2019年。

15 Alex Shashkevich，〈史丹佛研究員研究人們如何看待打斷對話〉（Stanford researcher examines how people perceive interruptions in conversation），發表於 *Stanford News*，2018年5月2日。

16 VoicePrint 問卷，請參閱 https://letstalk.voiceprint.global/aboutvoiceprint。

17 李涵，〈跨文化與內部文化對話中的合作性與侵入性打斷〉（Cooperative and Intrusive Interruptions in Inter- and intracultural dyadic discourse），*Journal of Language and Social Psychology*，7，35–46。

18 史丹佛・邁斯納和 Dennis Longwell,《史丹佛・邁斯納演技法》(*Sanford Meisner on Acting*),1987 年。

19 康斯坦丁・史坦尼斯拉夫斯基,《演員的自我修養》(*An Actor Prepares*),1936 年。

第 4 章

1 戴爾・卡內基,《讓鱷魚開口說人話》(*How to Win Friends and Influence People*),1936 年。

2 Dan Sperber,《關聯性:溝通與認知》(*Relevance: Communication and Cognition*,第 2 版),1995 年。

3 威爾・司鐸,《說故事的科學》,2019 年。

4 茱蒂・布倫,〈Judy Blume 教你寫作〉(Judy Blume teaches writing)。請見 www.masterclass.com/classes/judy-blume-teaches-writing(2021 年 2 月 9 日查閱)。亦請見 www.judyblume.com。

第 5 章

1 安奈特‧西蒙斯,《說故事的力量:激勵、影響與說服的最佳工具》,2019 年。

2 克里斯多福‧布克,《七種基本情節》,2019 年。

第 6 章

1 Kara Baskin,〈千禧世代溝通的三種驚人方式〉(3 surprising ways Millennials communicate),2017 年 10 月 2 日。請見 https://mitsloan.mit.edu/ideasmade-to-matter/3-surprising-ways-millennials-communicate(2021 年 2 月 10 日查閱)。

2 南西‧克蘭,《思考的時間:傾聽激發人類思維》(*Time to Think: Listening to Ignite the Human Mind*),2012 年。

3 艾伯特‧麥拉賓,《無聲訊息:情感與態度的隱性溝通》(*Silent Messages: Implicit Communication of Emotions and Attitudes*),1972 年。

4 Deborah Tannen,《你根本不懂:男女對話之間》(*You Just Don't Understand: Women and Men in*

Conversation），1992 年。

5 Casey Klofstad，Rindy C. Anderson 和 Susan Peters，〈聽起來像贏家：語音音調影響男女領導能力的感知〉（Sounds like a winner: Voice pitch influences perception of leadership capacity in both men and women），*Proceedings of the Royal Society B: Biological Sciences*，2012 年 3 月 14 日。請見 https://royalsocietypublishing.org/doi/10.1098/rspb.2012.0311（2021 年 2 月 10 日查閱）。

6 大衛・克里斯托，《英語作為全球語言》（*English as a Global Language*，第 2 版），2003 年。

7 薇薇安・庫克，〈第二語言中的單語偏見〉（Monolingual bias in second language），*Revista Canaria de Estudios Ingleses*，34，35–50（1997）；亦請參閱 Monika Schmid，〈口音偏見讓人失去應得的工作〉（Accent prejudice is costing people the jobs they deserve），*Quartz at Work*。請見 https://qz.com/work/1741578/how-people-judge-you-based-on-your-accent（2021 年 2 月 10 日查閱）。

8 沃爾夫岡・克勒，*Maluma and Takete*，1929 年。

9 皇家國立聾人研究所（RNID）盛行率估算，使用2018年英國國家統計局（ONS）人口數據。

換位傾聽

如何聽別人說，怎樣幫別人聽你說？掌握領導的雙向影響力
The Listening Shift: Transform your organization by listening to your people and helping your people listen to you

作　　　者	珍妮・范・胡爾（Janie van Hool）
譯　　　者	姚怡平
特 約 編 輯	呂美雲
封 面 設 計	FE設計
內 頁 排 版	江麗姿
業 務 發 行	王綏晨、邱紹溢、劉文雅
行 銷 企 劃	黃羿潔
資 深 主 編	曾曉玲
總　編　輯	蘇拾平
發　行　人	蘇拾平
出　　　版	啟動文化
	Email：onbooks@andbooks.com.tw
發　　　行	大雁出版基地
	新北市新店區北新路三段207-3號5樓
	電話：(02)8913-1005　傳真：(02)8913-1056
	Email：andbooks@andbooks.com.tw
	劃撥帳號：19983379
	戶名：大雁文化事業股份有限公司
初 版 一 刷	2025年5月
定　　　價	520元
I S B N	978-986-493-211-5
E I S B N	978-986-493-210-8 (EPUB)

版權所有・翻印必究 ALL RIGHTS RESERVED
如有缺頁、破損或裝訂錯誤，請寄回本社更換
歡迎光臨大雁出版基地官網 www.andbooks.com.tw

Copyright: © 2021 BY Janie van Hool
The Listening Shift: Transform your organization by listening to your people and helping your people listen to you by Janie van Hool is published by arrangement with Alison Jones Business Services Ltd trading as Practical Inspiration Publishing.
This edition arranged with Practical Inspiration Publishing through BIG APPLE AGENCY, INC., LABUAN, MALAYSIA.
Traditional Chinese edition copyright:
2025 On Books, a division of And Publishing Ltd.
All rights reserved.

換位傾聽：如何聽別人說，怎樣幫別人聽你說？掌握領導的雙向影響力 / 珍妮. 范. 胡爾 (Janie van Hool) 著 ; 姚怡平譯 . -- 初版 . -- 新北市 : 啟動文化出版 : 大雁出版基地發行, 2025.05
　面；　公分 .
譯自 :The listening shift : transform your organization by listening to your people and helping your people listen to you

ISBN 978-986-493-211-5(平裝)

1. 傾聽 2. 商務傳播 3. 溝通技巧

177.1　　　　　　　　　　　　　　　　114003165